ふるさとシリーズ

誇れる郷土ガイド

－全国47都道府県の誇れる景観編－

目　次

はじめに ………………………………………………………………………………… 3

全国47都道府県の誇れる景観

北海道	6	三重県	52
青森県	8	滋賀県	54
岩手県	10	京都府	56
宮城県	12	大阪府	58
秋田県	14	兵庫県	60
山形県	16	奈良県	62
福島県	18	和歌山県	64
茨城県	20	鳥取県	66
栃木県	22	島根県	68
群馬県	24	岡山県	70
埼玉県	26	広島県	72
千葉県	28	山口県	74
東京都	30	徳島県	76
神奈川県	32	香川県	78
新潟県	34	愛媛県	80
富山県	36	高知県	82
石川県	38	福岡県	84
福井県	40	佐賀県	86
山梨県	42	長崎県	88
長野県	44	熊本県	90
岐阜県	46	大分県	92
静岡県	48	宮崎県	94
愛知県	50	鹿児島県	96
		沖縄県	98

わが国の多様な景観

国立公園・国定公園 ……………………………………………………………………… 102
国指定の特別名勝・名勝 ………………………………………………………………… 103
水田景観 …………………………………………………………………………………… 104
草地景観 …………………………………………………………………………………… 104
畑地景観 …………………………………………………………………………………… 105
森林景観 …………………………………………………………………………………… 105
漁場景観・漁港景観・海浜景観 ………………………………………………………… 106
河川景観・池沼景観・湖沼景観・水路景観 …………………………………………… 106
集落に関連する景観 ……………………………………………………………………… 106
古来より信仰や行楽の対象となってきた景観 ………………………………………… 107
古来より芸術の題材や創造の背景となってきた景観 ………………………………… 107
独特の気象によって現われる景観 ……………………………………………………… 107
伝統的産業や生活を示す文化財の周辺の景観 ………………………………………… 107
複合景観 …………………………………………………………………………………… 108
日本の白砂青松百選 ……………………………………………………………………… 109
美しい日本のむら景観100選（農村景観百選） ……………………………………… 110
日本の棚田百選 …………………………………………………………………………… 111
歴史の道百選 ……………………………………………………………………………… 112
庭園 ………………………………………………………………………………………… 113
風物詩・原風景 …………………………………………………………………………… 114
音風景 ……………………………………………………………………………………… 115
伝統芸能 …………………………………………………………………………………… 116
祭り ………………………………………………………………………………………… 117

コラム　人間と自然との共同作品ー文化的景観について ………………………… 118

はじめに

わが国の多様な景観を生かした魅力のある美しい国土形成をめざして

　2003年4月に「誇れる郷土ガイドー全国47都道府県の観光データ編ー」を発刊した。その中で，日本の魅力を再考した場合，日本固有の誇れる美しい自然環境や文化的な景観がその一つとしてあげられる。

　日本の景観は，実に多様である。日本は，四方を，オホーツク海，太平洋，日本海，そして，東シナ海の四つの海に囲まれている。

　日本の地形は，海，山，河川，湖沼，高原，平野など変化に富んでおり，自然環境が豊かである。また，豊かな自然環境の中に，生態系と多様な動植物が育まれている。

　なかでも，人間は，有史以来，多くの作品を残してきた。人間が生きていく上で必要な生活や産業のあらゆる所産である。

　そして，ドラマティックな歴史，輝かしい伝統，それに，多様な文化を築いてきた。そして，それらが脈々と過去から未来へと引き継がれようとしている。

　一方，人間の活動は，生きていく為の開発行為によって，自然に培われた地形を人工的に変容させ，土地利用を計ってきた。

　このことは，破壊の代償として，人間の創造活動によって，衣食住遊の生活，また，農林水産業などの産業活動を支えてきたのも事実である。

　世界の各地にも，その地域を代表する実に多様な景観が残されている。自然と人類との共同作品，それらは，人間と自然環境との長い歴史と親密な関係を表している。

　今，文化的景観（Cultural Landscapes）という概念が注目を集めている。人間と環境との相互作用，影響，感化の多様性を明らかにすること，生きた伝統文化を守っていくこと，先人が残した軌跡を保護すること，文化的景観と呼ばれるこれらの場所がユネスコの「世界遺産リスト」に，数々，登録されている。

　文化的景観とは，「人間と自然環境との相互作用の様々な表現」を意味し，「自然環境との共生のもとに継続する内外の社会的，経済的及び文化的な力の影響を受けつつ時代を超えて発展した人間社会と定住の例証」と位置づけられている。

　ある所では，生物多様性の維持を担保した土地利用の技術を反映したもの，また，ある所では，強い信仰や芸術的，伝統的な風習と地域共同体とが結びつき，地域住民と自然とのかえがえのない精神的な結びつきを示している。

　中山間の棚田，庭園，聖地等の文化的景観は，人類の創造的な英知，社会の発展，それに，精神的な活力を証明するものである。

　わが国が世界に開かれた観光立国を実現していく場合にも，これまで以上に，わが国の多様な景観を生かした魅力のある美しい国土形成が求められている。

　本書では，自然景観や文化的景観など，わが国の誇れる景観を都道府県別に整理し，中長期的な国土の景観保全と活用を考える基礎データにしたい。

2003年9月23日　　　　　　　　　　　　　シンクタンクせとうち総合研究機構

全国47都道府県の誇れる景観

天橋立
(京都府宮津市)

誇れる郷土ガイド－全国47都道府県の誇れる景観編－　01北海道　　試される大地

北海道〈蝦夷地〉

Hokkaido Prefecture

面積　83,452km²　　人口　567万人（2003年9月現在）
道庁所在地　札幌市（人口　182万人）
構成市町村数　212（1政令指定都市33市154町24村）
気象　年平均気温　9.1℃
　　　年快晴日数　15日　年間日照時間　1,649時間
　　　年降水日数　139日　年間降水量　1,015mm
土地利用　森林　70.8%、農用地　15.5%
　　　　　水面、河川、水路　3.5%、原野　2.3%
　　　　　道路　22%、住宅　1.4%

道名の由来：
明治2年松浦武四郎の建議で、東海道、南海道などにならい命名。

道の花：ハマナス
道の木：エゾマツ
道の鳥：タンチョウ

北海道民のうた
昭和42年5月27日発表

道民体操（どさんこ体操）
昭和53年10月7日選定

道章
開拓時代の旗章のイメージを七光星として現代的に表現。開拓者精神と雄々しく伸びる北海道の未来を表す。

知床五湖（斜里町）
知床八景（オロンコ岩、知床峠、カムイワッカ湯の滝、プユニ岬、知床五湖、オシンコシンの滝、フレペの滝、夕陽台）の一つ

アイヌの古式舞踊

シンボル

- アイヌ
- 赤レンガ庁舎（旧北海道庁舎）
- 摩周湖
- 大雪山
- 羊蹄山
- キタキツネ
- スズラン

自然景観

山岳高原　大雪山（旭岳）、昭和新山、羊蹄山、トムラウシ、十勝岳、幌尻岳、夕張岳、羅臼岳、阿寒岳、斜里岳、利尻山、ルスツ高原、霧ヶ峰高原
洞穴・鍾乳洞　当麻鍾乳洞
峠　塩狩峠、石北峠、狩勝峠、美幌峠、樹海峠、知床峠、日勝峠、北見峠、咲来峠、オロフレ峠
湿地湿原　釧路湿原、クッチャロ湖、ウトナイ湖、霧多布湿原、厚岸湖・別寒辺牛湿原、サロベツ原野、風蓮湖
河川　石狩川、天塩川、十勝川、阿寒川、釧路川、鵡川、沙流川、常呂川、網走川、湧別川　**湖沼池**　摩周湖、屈斜路湖、阿寒湖、風蓮湖、洞爺湖、サロマ湖、能取湖　**峡渓谷**　層雲峡
滝　羽衣の滝、インクラの滝、飛竜賀老の滝、アシリベツの滝、オシンコシンの滝　**海湾岬**　宗谷岬、野寒布岬、知床岬、納沙布岬、襟裳岬、積丹岬、神威岬、赤岩・オタモイ海岸、積丹海岸、石狩湾、内浦湾、太平洋、日本海、オホーツク海
島　択捉島、国後島、色丹島、歯舞諸島、利尻島、礼文島、天売島、奥尻島
動物　キタキツネ、オオハクチョウ、タンチョウ、エゾシカ、エゾリス、ヒグマ
植物　マリモ、福寿草、ラベンダー、ミズバショウ、こぶし、ライラック

北海道美しい景観のくにづくり条例
北海道条例第57号
平成13年10月19日公布

「わが村は美しく－北海道」運動

北海道屋外広告物条例
北海道条例第70号
昭和25年

シンクタンクせとうち総合研究機構　発行

試される大地　　　　　　　　　　　01北海道　誇れる郷土ガイド－全国47都道府県の誇れる景観編－

北海道

国立公園・国定公園
支笏洞爺国立公園, 大雪山国立公園, 阿寒国立公園, 知床国立公園, 利尻礼文サロベツ国立公園, 釧路湿原国立公園, 大沼国定公園, 日高山脈襟裳国定公園, 網走国定公園, ニセコ積丹小樽海岸国定公園, 暑寒別天売焼尻国定公園

国指定の特別名勝・名勝
天都山

農業景観
美瑛の丘陵（上川郡美瑛町）, 牧場と日高山脈の山並み（三石郡三石町）

漁業景観
別海町の打瀬船（野付郡別海町）

複合景観
十勝平野, 富良野盆地, 襟裳岬

北海道遺産
石狩川（石狩, 空知）, 摩周湖（弟子屈町）, 霧多布湿原（浜中町）, ワッカ原生花園（常呂町）, 京極のふきだし湧水（京極町）, 蝶湾（らうん）ブキ（占冠町）, 根釧台地の格子状防風林（厚岸町, 中標津町, 別海町など）, 内浦湾沿岸の縄文文化遺跡群（南茅部町, 伊達市など）（南茅部町, 長万部町, 豊浦町, 虻田町, 伊達市など）, 上ノ国の中世の館（たて）（上ノ国町）, 福山城（松前城）と寺町（松前町）, 姥神大神宮渡御祭（江差町）, ピアソン記念館（北見市）, 増毛の歴史的建造物（駅前の歴史的建造物群と増毛小学校）（増毛町）, 留萌のニシン街道（佐賀番屋, 旧花田家番屋, 岡田家）（留萌市, 小平町, 苫前町）, 北海道大学札幌農学校第2農場（札幌市）, 空知地域に残る炭鉱関連施設群（空知）, 旧国鉄士幌線コンクリートアーチ橋梁群（上士幌町）, 路面電車（函館市, 札幌市）, 函館山と砲台跡（函館市）, 小樽みなとと防波堤（小樽市）, 稚内港北防波堤ドーム（稚内市）, 昭和新山国際雪合戦大会（壮瞥町）, アイヌ語地名, アイヌ文様, 北海道のラーメン

全国的な百選など
未来に残したい日本の自然百選　知床半島の自然林, 釧路湿原, 富良野の樹海, 函館山
日本の白砂青松百選　襟裳岬（えりも町）, 砂坂海岸（江差町）
農村景観百選　富良野市（麓郷）, 東町（東川）, 美瑛町（美瑛）, 清里町（清里）, 中標津町（北開陽）
かおり風景百選　ふらののラベンダー（富良野市, 上富良野町, 中富良野町, 南富良野町）, 北見のハッカとハーブ（北見市）, 登別地獄谷の湯けむり（登別市）, 釧路の海霧（うみぎり）（釧路市）
歴史の道百選　福山街道
残したい日本の音風景百選　オホーツク海の流氷, 時計台の鐘, 函館ハリスト正教会の鐘, 大雪山旭岳の山の生き物, 鶴居のタンチョウサンクチュアリ
都市景観百選　札幌大通り地区, 函館市西部地区, 帯広市帯広の森地区, 小樽市小樽運河とその周辺地区, 江差町中歌・姥神周辺地区
21世紀に残したい日本の風景　函館の夜景, 洞爺湖・有珠山, 富良野, 美瑛の丘, 摩周湖, 知床半島, 大雪山系, 函館の町並み, 釧路湿原, 小樽, 駒ヶ岳
日本の道百選　札幌大通り（札幌市）, 大三坂道（函館市）, 国道5号線（七飯市）, 二十間道路（静内市）
日本の滝百選　羽衣の滝（東川町）, インクラの滝（白老町）, "飛竜"賀老の滝（島牧村）, 流星・銀河の滝（上川町）, アシリベツの滝（札幌市）, オシンコシンの滝（斜里町）
日本の渚百選　島武意海岸（積丹町）, 江ノ島海岸（島牧村）, 百人浜・襟裳岬（えりも町）, トド原（別海町）, イタンキ浜　北海道室蘭市）
日本の灯台50選　宗谷岬, 稚内, 知床岬, 納沙布岬, 花咲, 落石岬, 襟裳岬, チキウ岬, 恵山岬
日本遺産・百選　大雪山国立公園, 知床, 摩周湖・屈斜路湖・阿寒湖, 釧路湿原, 根釧台地, 日高山脈・襟裳, 十勝, 夕張, 函館, 小樽運河, アイヌ古式舞踊, 青函トンネル

北海道行政データ
道庁所在地　〒060-8588　札幌市中央区北三条西6丁目　☎011-231-4111
　建設部まちづくり推進室まちづくり推進課　☎011-231-4111
道東京事務所　〒100-0014　千代田区永田町2-17-17　☎03-3581-3411
支庁　石狩, 渡島, 檜山, 後志, 空知, 上川, 留萌, 宗谷, 網走, 胆振, 日高, 十勝, 釧路, 根室
長期総合計画　計画名『第3次北海道長期総合計画』　目標年次　2007年度
　　基本目標　確かな未来へ。21世紀の私たちのふるさと
　　目標　総人口　581万人　道内総生産　25兆円　平均経済成長率　2.2%
北海道広報紙（誌）　「北海道ニュース」,「グラフ北海道」
北海道ホームページアドレス　http://www.pref.hokkaido.jp
北海道立図書館　〒069-0833　江別市文京台東町41　☎011-386-8521
参考資料　●〜「美しい北の国づくり」を目指して〜北海道美しい景観のくにづくり基本計画
　●北海道公共事業景観づくり指針
　●景観情報誌「彩」
　●みんなでつくる美しいさっぽろ：札幌市都市景観条例のあらまし　札幌市企画調整局計画部都市計画課
　●農林水産業に関連する文化的景観の保護に関する調査研究報告　文化庁文化財部記念物課

シンクタンクせとうち総合研究機構　発行

青森県 〈陸　奥〉
Aomori Prefecture

面積　9,606k㎡　　人口　149万人（2003年9月現在）
県庁所在地　青森市（人口　29.7万人）
構成市町村数　67（8市34町25村）
気象　年平均気温　10.7℃
　　　年快晴日数　5日　　年間日照時間　1,485時間
　　　年降水日数　166日　年間降水量　1,212㎜
土地利用　森林　66.3%、農地　16.8%、宅地　3.2%、
水面・河川・水面　3.1%、道路　2.9%、
採草放牧地　0.7%、原野　0.5%

県名の由来： 青々と繁る松の森があったことに由来する。

県の花：リンゴの花
県の木：ヒバ
県の鳥：ハクチョウ
県の魚：ヒラメ

世界遺産：白神山地

県章
青森県の地形を図案化。色は深緑色で、躍進発展してやまない希望と未来を表している。

岩木山

三内丸山遺跡（青森市）

シンボル
- 岩木山
- 三内丸山遺跡
- 寒立馬

自然景観

山岳高原　白神山地、岩木山（津軽富士）、八甲田山、十和田山、恐山、黒森山、釜臥山、縫道石山、吹越烏帽子、名久井岳、田代高原、萱野高原
峠　矢立峠　**河川**　馬淵川、岩木川、高瀬川、奥入瀬川、宿野部川、横内川、赤石川　**三角州**　岩木川河口
湖沼池　小川原湖、十和田湖（二重式カルデラ湖）、十三湖、十二湖、鷹架沼、屏風山湿原、さい沼
湿地湿原　陸奥小川原湖沼群、田代湿原　**峡渓谷滝**　奥入瀬渓流、城ヶ倉渓流、薬研渓流、銚子大滝、暗門の滝、弥勒の滝、寺下の滝、くろくまの滝　**海湾岬**　龍飛崎、小泊岬、大間崎、尻屋崎、仏ヶ浦、岡崎海岸、大須賀海岸、種差海岸、陸奥湾、津軽海峡、太平洋、日本海
半島　津軽半島、下北半島
温泉　浅虫温泉、酸ヶ湯温泉、青荷温泉、大鰐温泉、十和田湖温泉、城ヶ倉温泉、鰺ヶ沢温泉、小泊温泉、古牧温泉、猿倉温泉、百沢温泉、不老不死温泉など　**動物**　ハクチョウ、ウミネコ、ニホンザル、ニホンカモシカ、クマゲラ、イヌワシ、寒立馬、ヤマアカガエル、ハギマシコ　**植物**　桜、リンゴ、シャクナゲ、ヤブツバキ、ツバキ、ブナ、ヒバ、イチョウ、コスモス、シラガミクワガタ、カタクリ、ミチノクコザクラ

青森県景観条例
青森県条例第2号
平成8年3月27日

青森県景観形成審議会

青森県屋外広告物条例
青森県条例第45号
昭和50年12月

活彩あおもり －輝くあおもり新時代－　　02青森県　誇れる郷土ガイド－全国47都道府県の誇れる景観編－

国立公園・国定公園
十和田八幡平国立公園，津軽国定公園，下北半島国定公園

国指定の特別名勝・名勝
仏宇多（仏ヶ浦），瑞楽園，種差海岸，盛美園，瑞楽園，清藤氏書院庭園

農業景観
津軽の林檎畑（北津軽郡板柳町）

森林景観
車力村の海岸防災林（西津軽郡車力村），七里長浜の防砂林（北津軽郡市浦村）

水路景観
十三湖の景観（北津軽郡市浦村），中里町の冬の葦原（北津軽郡中里町）

複合景観
下北半島のヒバ林（佐井村のヒバの切り出し，大畑町のヒバの切り出し）

あおもりの景観67選

東青地域	青森市，平内町，蟹田町，今別町，蓬田村，平舘村，三厩村
中弘南黒地域	黒石市，相馬村，西目屋村，藤崎町，大鰐町，尾上町，浪岡町，平賀町，常盤村，田舎館村，碇ヶ関村
西北五地域	五所川原市，鯵ヶ沢町，木造町，深浦町，森田村，岩崎村，柏村，稲垣村，板柳町，金木町，中里町，鶴田町，市浦村，小泊村
上十三地域	十和田市，三沢市，野辺地町，七戸町，百石町十和田湖町，六戸町，横浜町，上北町，東北町，下田町，天間林村，六ヶ所村
下北地域	むつ市，川内町，大畑町，大間町，東通村，風間浦村，佐井村，脇野沢村
三八地域	八戸市，三戸市，五戸町，田子町，名川町，南部町，階上町，福地村，南郷村，倉石村，新郷村

全国的な百選など

未来に残したい日本の自然百選	屏風山湿原，蔦温泉の自然林
日本の白砂青松百選	屏風山保安林（木造町・車力村），淋代海岸（三沢市），種差海岸（八戸市），野牛浜（東通村）
農村景観百選	岩木市（宮地），尾上村（八幡崎），南郷村（泥障作）
かおり風景百選	尾上サワラの生け垣（尾上町），南部町長谷ぼたん園（南部町）
歴史の道百選	奥州街道～簔ケ坂・長坂・高山越，羽州街道～矢立峠越
残したい日本の音風景百選	八戸港・蕪島のウミネコ，小川原湖畔の野鳥，奥入瀬の渓流，ねぶた祭・ねぶたまつり
都市景観百選	弘前市駅前地区
21世紀に残したい日本の風景	十和田湖，奥入瀬，岩木山，弘前公園，白神山地，八甲田山
日本の道百選	「こみせ」の街並み（黒石市），官庁街通り（十和田市）
日本の滝百選	くろくまの滝（鯵ヶ沢町），松見の滝（十和田市）
日本の渚百選	岡崎海岸（深浦町），椿山海岸（平内町），大須賀海岸（八戸市）
日本の灯台50選	龍飛埼，大間埼，尻屋埼，鮫角
日本遺産・百選	青函トンネル，ねぶた祭，白神山地，十和田奥入瀬

青森県行政データ

県庁所在地　〒030-8570　青森市長島1-1-1　☎017-722-1111
環境生活部文化・スポーツ振興課景観グループ　☎017-734-9208
県東京事務所　〒100-0093　千代田区平河町2-6-3　都道府県会館7F　☎03-5212-9113
長期総合計画　計画名　『新青森県長期総合プラン』　目標年次　2006年度
　　　　　　　基本理念　ニュー・ルネサンス－人間性復活－
　　　　　　　基本計画　●悠々・安心・快適社会　●未来力あふれる社会
　　　　　　　　　　　　●彩りある美しい社会　●出逢い創造社会
青森県広報紙（誌）　　「県民だよりあおもり」，「マイあおもり」
青森県ホームページアドレス　http://www.pref.aomori.jp/home.html
青森県立図書館　〒030-0111　青森市荒川字藤戸119-7　☎017-773-7081
青森県立郷土館　〒030-0802　青森市本町2-8-14　☎017-777-1585
参考資料　●青森県景観条例関係規集　青森県
　　　　　●ふるさと眺望点　青森県の美しい自然の景観　青森県
　　　　　●あおもりの景観67選
　　　　　●農林水産業に関連する文化的景観の保護に関する調査研究報告　文化庁文化財部記念物課

シンクタンクせとうち総合研究機構　発行

誇れる郷土ガイド－全国47都道府県の誇れる景観編－　03岩手県　　　　　こちら、岩手ナチュラル百貨店

岩手県 〈陸中　陸奥　陸前〉
Iwate Prefecture

面積　15,278㎢　　人口　142万人（2003年9月現在）
県庁所在地　盛岡市（人口　29万人）
構成市町村数　58（13市29町16村）
気象　年平均気温　10.5℃
　　　年快晴日数　17日　年間日照時間　1,639時間
　　　年降水日数　124日　年間降水量　1,192㎜
土地利用　山林　58.6%、田　6.8%
　　　　　畑　5.1%、原野　4.5%
　　　　　宅地　2.1%、牧場　1.2%、雑種地　1.1%

県名の由来：
鬼が岩に押した手形の伝説に由来する。

県の花：キリ
県の木：南部アカマツ
県の鳥：キジ
県の魚：南部サケ

県章
岩手県の「岩」の文字を図案化。県の輝かしい発展と向上を表している。

岩手山と北上川

シンボル
- 岩手山
- 北上川

自然景観
山岳高原　北上山地、八幡平、岩手山、焼走り溶岩流、早池峰山
峠　五輪峠、仙人峠、笛吹峠、白木峠、仙岩峠、浪打峠
河川　北上川、閉伊川、葛根田川
湖沼池　岩洞湖、櫃取湿原
峡渓谷滝　天狗の岩、猊鼻渓、厳美渓、龍泉洞、幽玄洞、安家洞、滝観洞
海湾岬　浄土ヶ浜、北山崎、トドヶ崎、綾里崎、久慈湾、広田湾、碁石海岸、穴通磯、高田松原、珊瑚島、太平洋
島　三貫島、椿島
温泉　花巻温泉郷、鴬宿温泉、夏油温泉、つなぎ温泉、八幡平温泉、湯本温泉、湯川温泉、台温泉など
動物　コウモリ、イヌワシ、ウミネコ、モリアオガエル、オオミズナギドリ、ウミツバメ
植物　サクラ、ハナショウブ、バラ、フジ、カズグリ、シダレカツラ、アカエゾマツ

中尊寺（平泉町）金色堂

岩手の景観の保全と創造に関する条例
条例第35号
平成5年10月26日公布、施行

岩手県景観形成審議会

屋外広告物条例
条例第44号
昭和46年12月22日

シンクタンクせとうち総合研究機構　発行

こちら，岩手ナチュラル百貨店　　03岩手県　誇れる郷土ガイド－全国47都道府県の誇れる景観編－

国立公園・国定公園
陸中海岸国立公園，十和田八幡平国立公園，栗駒国定公園，早池峰国定公園

国指定の特別名勝・名勝
猊鼻渓，碁石海岸，珊瑚島，厳美渓，高田松原，珊瑚島，毛越寺庭園

農業景観
骨寺村荘園遺跡（一関市），小岩井農場（岩手郡雫石町）

集落関連景観
胆沢扇状地の散村景観（胆沢郡胆沢町）

独特の気象によって現われる景観
黒崎のやませ（下閉伊郡普代村・九戸郡野田村）

複合景観
宮沢賢治に関連する文化的景観（イギリス海岸，羅須地人協会跡と森林，下宮守のめがね橋，七ツ森からの雫石盆地，種山高原，岩手山の雪形），遠野（荒川高原放牧地，早池峰山及び薬師岳，遠野の農村集落，ダンノハナとデンデラ野，遠野のムカイトロゲのある茅葺き集落）

岩手県

全国的な百選など

未来に残したい日本の自然百選　椛取湿原，五葉山
日本の白砂青松百選　浄土ヶ浜（宮古市），根浜海岸（釜石市），碁石海岸（大船渡市），高田松原（陸前高田市）
農村景観百選　丹沢（南都田）
日本の棚田百選　大東町，山吹
かおり風景百選　浄土ヶ浜の潮のかおり（宮古市），盛岡の南部煎べい（盛岡市）
歴史の道百選　鹿角・南部街道～梨ノ木峠越，生保内・雫石街道～国見峠越
残したい日本の音風景百選　水沢駅の南部風鈴
都市景観百選　盛岡市盛岡城址・中津川周辺地区，花巻市花巻駅周辺地区
21世紀に残したい日本の風景　岩手山，三陸海岸・浄土ヶ浜
日本の道百選　市道金沢線・岩が崎陸線（一関市），寺町通り（盛岡市）
日本の滝百選　不動の滝（安代町）
日本の渚百選　高田松原（陸前高田市），浄土ヶ浜（宮古市），碁石海岸（大船渡市）
日本の灯台50選　魚毛ヶ埼，陸中黒埼
21世紀に残したい日本の風景　NHK盛岡放送局
❶岩手山　❷浄土ヶ浜　❸展勝地　❹八幡平　❺龍泉洞　❻北山崎　❼猊鼻渓　❽北上川　❾夏油温泉　❿小岩井農場　⓫中尊寺　⓬遠野市　⓭碁石海岸　⓮高松の池　⓯早池峰山　⓰錦秋湖　⓱岩手公園　⓲厳美渓　⓳石割桜　⓴安比高原　㉑中津川　㉒須川温泉　㉓花巻温泉　㉔盛岡市　㉕北上市　㉖チャグチャグ馬コ　㉗栗駒山　㉘北上山地　㉙めがね橋　㉚奥羽山脈　㉛胆沢町の田園風景　㉜カッパ淵　㉝和賀川　㉞イギリス海岸　㉟大堤公園　㊱上の橋　㊲室根山　㊳種山ヶ原・高原
日本遺産・百選　早池峰山，平泉の文化遺産，陸中海岸

岩手県行政データ

県庁所在地　〒020-8570　盛岡市内丸10-1　☎019-651-3111
　県土整備部都市計画課　☎019-629-5891
県東京事務所　〒100-0014　千代田区永田町1-4-1　☎03-3581-0341
地方振興局　盛岡，花巻，北上，水沢，一関，千厩，大船渡，遠野，釜石，宮古，久慈，二戸
長期総合計画　計画名『岩手県総合計画』　計画期間　1999年度～2010年度（12か年計画）
　　　　　　　基本理念　「自立・参画・創造」による持続的な地域づくり
　　　　　　　基本目標　みんなで創る「夢県土いわて」
　　　　　　　五つの将来像　●環境共生社会　●快適安心社会　●産業経済社会　●交流連携社会　●個性参加社会
岩手県広報紙（誌）　「いわて」，「いわてグラフ」，「県政フォトいわて」，「IPANGU」，「オリザ」
岩手県ホームページアドレス　http://www.pref.iwate.jp
岩手県立図書館　〒020-0023　盛岡市内丸1-50　☎019-624-2515
岩手県立博物館　〒020-0102　盛岡市上田字松屋敷34　☎019-661-2831
参考資料　●景観行政に関する調査表集　全国景観会議・岩手県
　　　　　　●岩手の景観の保全と創造に関する条例のあらまし　岩手県
　　　　　　●農林水産業に関連する文化的景観の保護に関する調査研究報告　文化庁文化財部記念物課

シンクタンクせとうち総合研究機構　発行

宮城県 〈陸前　磐城〉

Miyagi Prefecture

- **面積** 7,285km² **人口** 235万人（2003年9月現在）
- **県庁所在地** 仙台市（人口 99万人）(2001年5月現在)
- **構成市町村数** 69（1政令指定都市9市57町2村）
- **気象** 年平均気温　12.7℃
  - 年快晴日数　20日　年間日照時間　1,862時間
  - 年降水日数　95日　年間降水量　1,161mm
- **土地利用** 森林　57.2%, 農用地　19.6%
  - 宅地　5.9%, 水面・河川・水路　4.5%
  - 道路　4.2%

県名の由来：
宮なる城, すなわち, 古代の国府多賀城を指すという。

- **県の花**：ミヤギノハギ
- **県の木**：ケヤキ
- **県の鳥**：ガン
- **県の獣**：シカ

県章
宮城県の「み」の文字と県花ミヤギノハギを図案化。左の葉から、融和と協力、悠久と発展、郷土愛を表す。

蔵王山

松島（松島町）
五大堂

シンボル
- 松島
- 蔵王山

自然景観

山岳高原　蔵王山, 栗駒山, 神室岳, 北泉ヶ岳, みやぎ蔵王高原
峠　石橋峠, 二井宿峠, 金山峠, 笹谷峠, 関山峠, 鍋越峠
河川　阿武隈川, 鳴瀬川, 名取川, 北上川, 二迫川, 広瀬川, 白石川
湖沼池　七ツ森湖, 万石浦, 伊豆沼, 内沼, 潟沼, 長沼
湿地湿原　伊豆沼, 内沼, 世界谷地原生林
峡渓谷滝　嵯峨渓, 浅布渓谷, 秋保大滝, 鳴子峡　**海湾岬**　十八鳴浜, 岩井崎, 仙台湾, 松島湾, 石巻湾, 気仙沼湾, 女川湾, 太平洋
半島　牡鹿半島, 唐桑半島
島　松島, 宮古島, 金華山, 網地島
温泉　鳴子温泉, 駒の湯温泉, 青根温泉, 作並温泉, 秋保温泉, 遠刈田温泉など
名水　桂葉清水, 広瀬川
動物　ゲンジボタル, がん, 白鳥, ホンシュウジカ, ニホンザル, ウミネコ　**植物**　サクラ, ツバキ, ツツジ, ウメ, バラ, コウヤマキ, イチョウ, あやめ, ハス, 水芭蕉
自然現象　岩井崎の潮吹岩（気仙沼市）, 十八鳴浜の鳴り砂（気仙沼市）, 樹氷（蔵王町）, 鬼首間歇泉（鳴子町）, 東風穴（唐桑町）, 半造潮吹岩（唐桑町）

宮城県景観形成指針
平成10年3月策定

屋外広告物条例
昭和49年3月309日
宮城県条例第16号

宮城県屋外広告物審議会

国立公園・国定公園
陸中海岸国立公園, 蔵王国定公園, 栗駒国定公園, 南三陸金華山国定公園

国指定の特別名勝・名勝
秋保大滝, 磐司, 旧有備館および庭園

農業景観
沢尻の棚田（丸森町）

水路景観
小山田川の箕堰（栗原郡瀬峰町）

宮城県内の風致地区

仙台市※	大年寺風致地区	67.2ha	昭和45年6月 9日
	八木山風致地区	93.9ha	
	愛宕山風致地区	8.6ha	
	霊屋風致地区	10.6ha	
	大崎八幡風致地区	6.0ha	
	北山風致地区	13.3ha	
	台の原風致地区	3.2ha	
	安養寺風致地区	68.1ha	
白石市	白石風致地区	25.0ha	昭和45年6月 9日
鳴子町	鳴子風致地区	143.0ha	昭和43年11月1日

※仙台市内に定められている風致地区については、仙台市において所轄されている。

全国的な百選など
未来に残したい日本の自然百選　伊豆沼・内沼, 広瀬川
日本の白砂青松百選　御伊勢浜（気仙沼市）, 神割崎（志津川町）, 小泉海岸（本吉町）, 松島（塩釜市・松島町・利府町・七ヶ浜町・鳴瀬町）
農村景観百選　蔵王町（蔵王）
かおり風景百選　南くりこま一迫のゆり（一迫町）, 金華山の原生林と鹿（牡鹿町）
日本の棚田百選　丸森町, 沢尻, 栗駒町, 西山
歴史の道百選　出羽仙台街道〜中山峠・山刀伐峠越, 陸奥上街道, 羽州街道〜金山峠越, 貞山堀運河
残したい日本の音風景百選　北上川河口のヨシ原
都市景観百選　仙台市仙台駅周辺地区, 仙台市泉パークタウン地区
21世紀に残したい日本の風景　松島, 蔵王, 白石城
日本の道百選　定禅寺通り（仙台市）, 仙台西道路（仙台市）, 七ヶ宿街道（白石市）
日本の滝百選　秋保大滝（仙台市）, 三階の滝（蔵王町）
日本の渚百選　奥松島（鳴瀬町）, 十八鳴浜（気仙沼市）
日本の灯台50選　金華山灯台
日本遺産・百選　仙台・松島, 蔵王

宮城県行政データ
県庁所在地　〒980-8570　仙台市青葉区本町3-8-1　☎022-211-2111
　土木部公園緑地室　☎022-211-3138
広域行政　仙南圏, 仙台都市圏, 大崎圏, 栗原圏, 登米圏, 石巻圏, 気仙沼・本吉圏
長期総合計画　計画名『宮城県総合計画』　目標年次 2005年
　基本理念（目標）　新世紀　豊かさ実感みやぎ　−真に豊かな, 安心とゆとりの地域づくりを目指して−
宮城県広報紙（誌）　「みやぎ県政だより」,「THE ミヤギ」　総務部広報課　☎022-211-2281　FAX022-263-3780
宮城県ホームページアドレス　http://www.pref.miyagi.jp/　E-mail　kohou@pref.miyagi.jp
宮城県公文書館　〒983-0851　仙台市宮城野区榴ヶ岡5　☎022-791-9333
宮城県立図書館　〒981-3205　仙台市紫山1-1　☎022-377-8441
東北歴史資料館　〒985-0861　多賀城市浮島　☎022-368-0101
宮城県内市町村の景観関連条例や施策
- 仙台市　杜の都の風土を育む景観条例　平成7年4月1日施行
- 塩竈市　塩竈の景観を守り育てる条例　平成5年4月1日施行
- 松山町　街なみ景観整備条例　平成7年4月1日施行
- 登米町　街なみ景観整備要綱　平成7年4月1日施行
- 七ヶ宿町　街なみ景観条例　平成12年4月施行
- 中新田町　潤いある緑の街並み助成要綱　平成3年5月10日施行

参考資料
- 農林水産業に関連する文化的景観の保護に関する調査研究報告　文化庁文化財部記念物課

秋田県 〈陸中 羽後〉

Akita Prefecture
面積 11,613km² 人口 119万人（2003年9月現在）
県庁所在地 秋田市（人口 31万人）
構成市町村数 69（9市50町10村）
気象 年平均気温 11.9℃年
　　 快晴日数 8日 年間日照時間 1,491時間
　　 年降水日数 169日 年間降水量 1,644㎜
土地利用 森林 72.1%, 農用地 13.7%
　　　　 水面・河川・水路 3.7%, 道路 2.8%
　　　　 宅地 2.4%

県名の由来：
アイヌ語で葦、篠笹の生えた所に由来。

県の花：フキノトウ
県の木：秋田杉
県の鳥：ヤマドリ

世界遺産：白神山地

県章
秋田県の「ア」の文字を図案化。県の発展する姿を表している。

白神山地（秋田県側）

シンボル
- なまはげ
- 秋田杉
- 白神山地
- 鳥海山

自然景観
山岳高原 白神山地、八幡平、駒ヶ岳、栗駒山、寒風山、鳥海山、十和田湖高原、田沢湖高原、由利高原
湿地湿原 獅子ヶ鼻湿原
峠 発荷峠、矢立峠、毛せん峠、雄勝峠、白木峠、仙岩峠
盆地 花輪盆地、大館盆地、鷹巣盆地、横手盆地
平野 能代平野、秋田平野、本荘平野
河川 雄物川、米代川、子吉川
湖沼池 十和田湖、八郎潟調整池、田沢湖、三の目潟湖
峡渓谷滝 奥入瀬渓流、奈曽の白瀑谷、法体の滝、安の滝、二の滝、大湯滝、抱返り渓谷、小安峡
海湾岬 鵜ノ崎海岸、象潟海岸、入道崎、日本海
半島 男鹿半島
温泉 田沢湖高原温泉、玉川温泉、八幡平温泉、男鹿温泉、湯瀬温泉、大滝温泉、森岳温泉、小安温泉、八森温泉、大湯温泉、孫六温泉、乳頭温泉、鶴の湯温泉など
動物 ザリガニ、ニホンカモシカ、ミソサザイ、ニホンリス、トウホクサンショウウオ、イヌワシ、カジカ、イワナ、ウミネコ、ウミウ
植物 シダレザクラ、ソメイヨシノ、コマクサ、ワタスゲ、ダリア、ツバキ、スギ、ブナ

なまはげ（男鹿市）
国指定重要無形民俗文化財

秋田県の景観を守る条例
平成5年4月施行

国立公園・国定公園
十和田八幡平国立公園，男鹿国定公園，鳥海国定公園，栗駒国定公園

国指定の特別名勝・名勝
奈曽の白瀑谷，檜木内川堤（サクラ）

森林景観
矢立峠の秋田杉林（大館市）

漁場景観・漁港景観・海浜景観
由利海岸の波除け石垣（仁賀保町）

水路景観
山本町のじゅんさい採り（山本郡山本町）

集落関連景観
北ノ又茅葺き集落（五城目町），仙北平野の散村景観（仙北町）

集俗・行事などによって現われる景観
小豆沢のオジナオバナ（鹿角市）

複合景観
八郎潟（大潟村の整然とした総合中心地の集落，大潟村の大規模営農の水田，桃の木台砂丘と八郎潟）

伝統的建造物群保存地区
角館町角館（伝統的建造物群保存地区・武家町）

全国的な百選など
未来に残したい日本の自然百選 白神山地のブナ林，風の松原（能代海岸の砂防林）
日本の白砂青松百選 能代海岸砂防林（能代市），西目海岸（西目町）
さくら名所百選 桧木内川堤・武家屋敷（角館町），千秋公園（秋田市），真人公園（増田町）
農村景観百選 仁賀保町（伊勢居地），尾利町（南由利原），東成瀬村（岩井川）
かおり風景百選 風の松原（能代市），小坂町明治百年通りのアカシア（小坂町），大潟菜の花ロード（大潟村）
歴史の道百選 羽州街道～矢立峠越，鹿角・南部街道～梨ノ木峠越，生保内・雫石街道～国見峠越，北国街道～三崎山越
残したい日本の音風景百選 風の松原（能代市）
都市景観百選 角館町内町地区
21世紀に残したい日本の風景 十和田湖，白神山地，鳥海山
日本の道百選 広小路（秋田市），武家屋敷通り（角館市）
水源の森百選 大滝沢国有林（稲川町），白神山系水沢川源流の森（峰浜村），七滝水源かん養保安林（六郷町）
水の郷百選 北秋田郡森吉町，仙北郡六郷町
日本の滝百選 七滝（小坂町），茶釜の滝（鹿角市），法体の滝（鳥海町），安の滝（阿仁町）
日本の渚百選 象潟海岸（象潟町），鵜ノ崎海岸（男鹿市）
日本の灯台50選 入道埼灯台
日本遺産・百選 白神山地，十和田奥入瀬，男鹿

秋田県行政データ
県庁所在地 〒010-8570　秋田市山王4-1-1　☎018-860-1111
　生活環境文化部自然保護課　☎018-860-1616
県東京事務所 〒102-0093　千代田区平河町2-6-3　都道府県会館7F　☎03-5212-9115
長期総合計画 計画名「あきた21総合計画」～「時と豊かに暮らす秋田」をめざして～　目標年次 2010年
　基本目標　●安全・安心に楽しく暮らす秋田　●チャレンジ精神豊かな人材が活躍する秋田
　　　　　　●環境と共に生きる秋田　　　　　●産業が力強く前進する秋田
　　　　　　●地域が活発に交流・連携する秋田
秋田県広報紙（誌）　「Hot eye ホットアイアキタ」，「ことしの県政」
秋田県ホームページアドレス　http://www.pref.akita.jp/
秋田県立図書館　〒010-0952　秋田市山王新町14-31　☎0188-66-8400
参考資料　●景観条例ハンドブック―大切な景観を守るために―　秋田県
　　　　　　●秋田県の景観を守る条例に基づく届出制度のあらまし　秋田県
　　　　　　●環境白書　秋田県
　　　　　　●農林水産業に関連する文化的景観の保護に関する調査研究報告　文化庁文化財部記念物課

山形県 〈羽前 羽後〉

Yamagata Prefecture

- **面積** 9,323km² **人口** 124万人（2003年9月現在）
- **県庁所在地** 山形市（人口 25万人）
- **構成市町村数** 44（13市27町4村）
- **気象** 年平均気温 12.0℃
  - 年快晴日数 10日 年間日照時間 1,558時間
  - 年降水日数 130日 年間降水量 1,104mm
- **土地利用** 森林 71.6%、農用地 13.7%
  - 宅地 3.0%、水面・河川・水路 2.7%
  - 道路 2.6%、原野 0.1%

県名の由来： 最上川の上流地方を山方と呼んだところから。

- **県の花**：ベニバナ
- **県の木**：サクランボ
- **県の鳥**：オシドリ
- **県の魚**：サクラマス
- **県の獣**：カモシカ

県章

山形県の山々を3つの三角形で表し、最上川の流れも表している。三角形の山は、県の発展を期するるもの。

シンボル

- 最上川
- 出羽三山（月山，湯殿山，羽黒山）
- 蔵王

自然景観

- **山岳高原** 出羽三山（月山，湯殿山，羽黒山），朝日岳，飯豊山，鳥海山，蔵王山，吾妻山
- **峠** 山刀伐峠，笹谷峠，雄勝峠，板谷峠，宇津峠，二井宿峠，金山峠，関山峠，鍋越峠
- **河川** 最上川，赤川新川，寒河江川
- **扇状地** 山形盆地
- **湖沼池** 月山湖（西川町），大鳥池，大沼の浮島（朝日町）
- **峡渓谷滝** 赤芝峡
- **海湾岬** 日本海
- **島** 飛島
- **温泉** 蔵王温泉，上山温泉，天童温泉，湯野浜温泉，赤湯温泉，温海温泉，銀山温泉，飯豊温泉，肘折温泉，姥湯温泉，今神温泉，野口温泉，赤倉温泉など
- **名水** 月山山麓湧水群，小見川
- **動物** ニホンカモシカ
- **植物** エドヒガンザクラ，アヤメ，ハナショウブ，ツツジ，バラ，ダリア，ベニバナ

月山

最上川

山形県公共事業等景観形成指針

平成11年3月策定

山形県景観形成検討委員会

国立公園・国定公園
磐梯朝日国立公園, 鳥海国定公園, 蔵王国定公園, 栗駒国定公園

国指定の特別名勝・名勝
金峰山, 山寺, 酒井氏庭園, 大沼の浮島, 玉川寺庭園, 總光寺庭園

農業景観
田川の赤カブ栽培と焼き畑（鶴岡市）, 高瀬の紅花（山形市）

草地景観
西蔵王放牧場（山形市）

森林景観
奥羽本線関根一号林（米沢市）

集落関連景観
飯豊の散居集落（西置賜郡飯豊町）, しな織の里関川集落（温海町）

独特の気象によって現われる景観
庄内浜の波の華（鶴岡市）

複合景観
庄内平野（庄内平野の風景, 庄内砂丘と砂防林, 水田の広がる庄内平野）, 最上川（最上川, 最上川の梁, 最上川と周辺の里山, 最上川と大浦の田園, 最上川と今宿集落及び田圃, 最上峡, 最上川のやつめど漁）

全国的な百選など
未来に残したい日本の自然百選 今神山, 寒河江川・朝日川上流のブナ林
日本の白砂青松百選 庄内海岸砂防林（酒田市・鶴岡市・遊佐町）
さくら名所百選 鶴岡公園（鶴岡市）, 烏帽子山公園（南陽市）
農村景観百選 長井市（平野）, 南陽市（赤湯）, 金山町（金山）
日本の棚田百選 椹平, 大蕨, 四ヶ村の棚田
かおり風景百選 羽黒山南谷の蘚苔と杉並木（羽黒町）, 大石田町そばの里（大石田町）, 東沢バラ公園（村山市）
歴史の道百選 出羽仙台街道〜中山峠・山刀伐峠越, 羽州街道〜金山峠越, 米沢・福島街道〜板谷峠越, 万世大路〜栗子峠越, 越後・米沢街道〜黒沢峠・大里峠・鷹ノ巣峠越, 出羽三山登拝道
残したい日本の音風景百選 山寺の蝉, 松の勧進の法螺貝, 最上川河口の白鳥
都市景観百選 酒田市飯森山地区
21世紀に残したい日本の風景 蔵王, 鳥海山, 山寺
日本の道百選 北口通り（河北町）, 月山花笠ライン（西川町）
日本の滝百選 滑川の大滝（米沢市）, 白糸の滝（戸沢村）, 七ツ滝（朝日村）
日本の渚百選 荒崎（酒田市）, 由良海岸（鶴岡市）
日本遺産・百選 蔵王, 出羽三山, 飯豊・朝日連峰

山形県行政データ
県庁所在地 〒990-8570　山形市松波2-8-1　☎023-630-2211
　総務部総合政策室政策企画課　☎023-630-2235
県東京事務所 〒102-0093　千代田区平河町2-6-3　都道府県会館13F　☎03-5212-9026
総合支庁 村山, 最上, 置賜, 庄内
長期総合計画 計画名『山形県新総合発展計画』　目標年次 2005年
　－人　はばたく　ゆとり都　山形－
　基本理念　参加, 交流, 創造
　基本目標　山形の新しい時代を拓き, 国際社会における日本の発展に個性ある役割を発揮し, 文化や産業など多様な豊かさを実現する。
　計画目標　美しい山形へ　豊かな山形へ　開かれた山形へ
山形県広報紙（誌） 「県民のあゆみ」,「いま, 山形から…」
山形県ホームページアドレス ゆとり都山形　http://www.pref.yamagata.jp/
山形県立図書館 〒990-0041　山形市緑町1-2-36　☎023-631-2523
参考資料 ●農林水産業に関連する文化的景観の保護に関する調査研究報告　文化庁文化財部記念物課

誇れる郷土ガイドー全国47都道府県の誇れる景観編－ 07福島県　　うつくしま，ふくしま

福島県 〈磐城　岩代〉

Fukushima Prefecture

面積　13,782km²　**人口**　213万人（2003年9月現在）
県庁所在地　福島市（人口　29万人）
構成市町村数　90（10市52町28村）
気象　年平均気温　13.3℃
　　　年快晴日数　23日　年間日照時間　1,758時間
　　　年降水日数　100日　年間降水量　1,078mm
土地利用　森林　70.5%，農用地　11.7%
　　　　　宅地　3.2%，その他　14.6%

県名の由来：
泥海から信夫山が噴き出し噴く島になったという伝説が伝わる。

県の花：ネモトシャクナゲ
県の木：ケヤキ
県の鳥：キビタキ

県章

福島県の「ふ」を図案化。県民の融和と団結を表し、県勢の着実な前進を象徴したもの。

シンボル

- 磐梯山
- 猪苗代湖
- 鶴ヶ城

自然景観

山岳高原　磐梯山，吾妻山，安達太良山，会津駒ヶ岳，燧ヶ岳，那須五岳，磐梯高原
鍾乳洞　あぶくま洞
峠　土湯峠，沼山峠，山王峠，八十里越，六十里越，鳥井峠，板谷峠
河川　那珂川，久慈川，阿武隈川，夏井川，鮫川
湖沼池　猪苗代湖，桧原湖，小野川湖，秋元湖，五色沼，松川浦，沼沢湖，大平沼，田子倉貯水池
湿地湿原　尾瀬
峡渓谷滝　夏井川渓谷
海湾岬　塩屋崎，鵜の尾崎，太平洋
温泉　芦ノ牧温泉，東山温泉，飯坂温泉，磐梯熱海温泉，いわき湯本温泉，高湯温泉，柳津温泉など
動物　ホオジロ，ウグイス，ツバメ，カモ，カルガモ，サンコウチョウ
植物　ミズバショウ，モモ，ボタン，ツツジ，ベニシダレザクラ

磐梯山

猪苗代湖

福島県景観条例

条例第13号
平成10年3月27日制定

福島県景観審議会

福島県屋外広告物条例

福島県条例第23号
昭和61年3月25日

シンクタンクせとうち総合研究機構　発行

うつくしま，ふくしま　　　　　　　　07福島県　誇れる郷土ガイド－全国47都道府県の誇れる景観編－

国立公園・国定公園
磐梯朝日国立公園，日光国立公園，越後三山只見国定公園

国指定の特別名勝・名勝
会津松平氏庭園，須賀川の牡丹園

農業景観
矢ノ原高原の蕎麦畑（大沼郡昭和村）

古来より芸術の題材や創造の背景となってきた景観
松川浦（相馬市）

独特の気象によって現われる景観
飯豊連邦の寝牛と白馬の雪形（耶麻郡山都町）

複合景観
安積疏水（安積疎水，十六橋水門）

新観光福島30景
❶あぶくま洞と入水鍾乳洞（滝根町）　❷福満虚空蔵尊と柳津温泉（柳津町）　❸鳥峠（泉崎村）　❹母畑湖（石川町）　❺飯坂温泉（福島市）　❻美坂高原（三島町）　❼飯野堰堤公園（飯野町）　❽蛇の鼻遊楽園（本宮町）　❾芦ノ牧温泉（会津若松市）　❿須賀川牡丹園（須賀川市）　⓫木幡の弁天様（東和町）　⓬白河甲子高原（西郷村）　⓭磐梯熱海温泉（郡山市）　⓮湯野上温泉と塔のへつり（下郷町）　⓯伊佐須美神社（会津高田町）　⓰塩屋埼灯台と薄磯・豊間海岸（いわき市）　⓱県民の森・遠藤ヶ滝（大玉村）　⓲七ヶ岳と駒止湿原（田島町）　⓳松川浦（相馬市）　⓴中野不動尊（福島市）　㉑山本不動尊と八溝渓谷（棚倉町）　㉒田子倉湖（只見町）　㉓高湯温泉（福島市）　㉔羽鳥湖（天栄村）　㉕霞ヶ城公園（二本松市）　㉖南湖公園（白河市）　㉗安達太良と岳温泉（二本松市）　㉘白鳳山公園と向羽黒城址（会津本郷町）　㉙三崎公園と小名浜港（いわき市）　㉚船津公園（郡山市）

全国的な百選など
未来に残したい日本の自然百選　信夫山，新舞子浜のクロマツ林
日本の白砂青松百選　松川浦（相馬市），新舞子浜（いわき市），天神浜（猪苗代町）
農村景観百選　大玉村（小姓内），新地町（中島），鹿島町（南屋形）
かおり風景百選　須賀川牡丹園の牡丹焚火（須賀川市），郡山の高柴デコ屋敷（郡山市）
歴史の道百選　米沢・福島街道～板谷峠越，万世大路～栗子峠越，佐渡路～会津街道・束松峠・滝沢峠越，八十里越，下野街道
残したい日本の音風景百選　福島市小鳥の森，大内宿の自然用水，からむし織のはた音
都市景観百選　会津若松市鶴ヶ城周辺地区，いわき市いわきニュータウン中央台鹿島地区
21世紀に残したい日本の風景　尾瀬，裏磐梯，五色沼
日本の道百選　磐梯吾妻スカイライン（福島市），旧奥州（陸羽）街道（二本松市）
日本の滝百選　乙字ヶ滝（須賀川市ほか），三条の滝（檜枝岐村），銚子ヶ滝（郡山市）
日本の渚百選　薄磯海岸（いわき市），大洲海岸（相馬市）
日本の灯台50選　塩屋埼灯台
日本遺産・百選　尾瀬，奥只見

福島県行政データ
県庁所在地　〒960-8670　福島市杉妻町2-16　☎024-521-1111 　生活環境部環境共生領域・環境評価景観グループ　☎024-521-7250
県東京事務所　〒102-0093　千代田区平河町2-6-3　都道府県会館12F　☎03-5212-9050
広域行政　福島地方，安達地方，白河地方，喜多方地方，会津若松地方，南会津地方
地域　県北，県中，県南，会津，南会津，相双，いわき
長期総合計画　計画名　福島県新長期総合計画「うつくしま21」　目標年次　2010年 　　　　　　　　基本目標　地球時代にはばたくネットワーク社会　～ともにつくる美しいふくしま～
福島県広報紙（誌）　月刊ふくしま
福島県ホームページアドレス　http://www.pref.fukushima.jp/
福島県立図書館　〒960-8003　福島市森合字西養山1　☎024-535-3218
福島県立博物館　〒965-0807　会津若松市城東町1-25　☎0242-28-6000
参考資料　●景観情報誌「景色」 　　　　　　●農林水産業に関連する文化的景観の保護に関する調査研究報告　文化庁文化財部記念物課

福島県

シンクタンクせとうち総合研究機構　発行

19

茨城県 〈常陸　下総〉

Ibaraki Prefecture　**県民の日**　11月13日
面積　6,094km²　**人口**　300万人（2003年9月現在）
県庁所在地　水戸市（人口　24.7万人）
構成市町村数　83（22市44町17村）
気象　年平均気温　14.0℃
　　　年快晴日数　42日　年間日照時間　2,076時間
　　　年降水日数　98日　年間降水量　1,074mm
土地利用　森林　31.1%，農用地　29.7%
　　　原野及びその他　12.7%，宅地　11.1%
　　　水面・河川・水路　8.8%，道路6.6%

県名の由来：
茨（いばら）で城を築いたという伝承から。

県の花：バラ
県の木：ウメ
県の鳥：ヒバリ

県章
茨城県の県花であるバラのつぼみをデザイン化。新しい時代を先導する県の先進性・創造性・躍動・発展を表す。

偕楽園（水戸市）

古河総合公園（古河市）
文化景観保護と管理に関する
ユネスコ メリナ・メルクーリ国際賞を2003年9月に受賞

シンボル
- 霞ヶ浦
- 筑波山

自然景観

山岳高原　筑波山，八溝山，妙見山，花園山
峠　境明神峠，仏ノ山峠　**河川**　那珂川，久慈川，利根川，鬼怒川，涸沼川，城下川
湖沼池　霞ヶ浦，北浦，涸沼，外浪逆浦，牛久沼，古徳沼，菅生沼，千波湖
湿地湿原　霞ヶ浦・浮島湿原
峡渓谷滝　奥久慈渓谷，花貫渓谷，花園渓谷，竜神峡，袋田の滝，玉簾の滝
海湾岬　磯崎岬，阿字ヶ浦海岸，伊師浜海岸，五浦海岸，鹿島灘，太平洋
砂丘　波崎砂丘
温泉　袋田温泉，湯の網鉱泉，里美温泉，たいよう温泉，川中子温泉，森林の温泉，大子温泉，浅川温泉など
動物　ヒメハルゼミ，ウミネコ，ユリカモメ
植物　梅，桜，桃，カタクリ，つつじ，菖蒲，スイセン，はまひるがお，コスモス，ブナ

茨城県景観形成条例
茨城県条例第40号
平成6年9月29日公布

茨城県景観審議会

茨城県屋外広告物条例
茨城県条例第10号
昭和49年3月30日

国立公園・国定公園
水郷筑波国定公園

国指定の特別名勝・名勝
常盤公園，桜川（サクラ）

漁業景観
赤見台碁石浦の鵜捕り場（多賀郡十王町）

複合景観
霞ヶ浦（天王崎の夕照，霞ヶ浦沿岸のハス田，宍塚大池，高浜の入り）

茨城景観百選
❶白蛇山八幡宮，❷偕楽園と千波湖，❸保和苑と水戸烈士の墓，❹大塚池，❺弘道館公園，❻かみね公園，❼御岩神社と三本杉，❽小貝浜，❾玉簾寺と玉簾の滝，❿日立港，⓫泉神社と泉ヶ森，⓬土浦城跡と亀城公園，⓭霞ヶ浦と土浦港，⓮高浜入り江から見た筑波山，⓯中館観音寺と勤行川，⓰結城の街並み，⓱山川不動尊，⓲比観亭跡から見た阿字ヶ浦海岸，⓳湊公園，⓴中生代白亜紀層，㉑大宝八幡宮，㉒砂沼と砂沼サンビーチ，㉓一言主神社，㉔あすなろの里と菅生沼，㉕西山荘と西山公園，㉖若宮八幡宮，㉗虎塚古墳と十五郎穴横穴群，㉘花貫ダムと花貫渓谷，㉙万葉の道とささきの浜，㉚ＫＤＤ茨城通信所，㉛五浦海岸と六角堂，㉜平潟港，㉝花園神社と花園渓谷，㉞浄蓮寺と渓谷，㉟二ツ島，㊱笠間稲荷神社，㊲稲田石切山脈と西念寺，㊳笠間つつじ公園，㊴佐白山と石倉，㊵小堀の渡しと利根川，㊶国王神社，㊷延命寺，㊸広浦から見た筑波山，㊹常北家族旅行村藤井川ダムふれあいの里，㊺御前山と那珂川大橋，㊻三王山自然公園，㊼御前山村青少年旅行村，㊽大洗海岸と大洗水族館，㊾願入寺と涸沼川，㊿白鳥湖と北山不動尊，51愛宕山，52富谷観音と富谷山公園，53磯部桜川公園，54上野沼，55東海村原子力研究施設群，56村松虚空蔵堂と村松海岸，57茨城県植物園と県民の森，58瓜連城跡と常福寺，59静神社と静溜め池，60静峰ふるさと公園，61大宮自然公園とガンマーフィールド，62篭岩山，63吉田八幡神社と三通杉，64鷲子山と鷲子神社，65金砂郷地域，66武生林道と武生神社，67竜神峡と竜神ダム，68里美牧場，69袋田の滝と月居山，70八溝山と日輪寺，71湯沢峡，72男体山と古分屋敷，73堅破山，74伊師浜と鵜の岬，75いこいの村，76無料寿命，77鹿島神宮と樹叢，78港公園と鹿島臨海工業地帯，79息栖神社と常陸利根川，80天王崎公園，81権現山公園，82菖蒲と前川十二橋，83北浦荘から見た北浦，84牛久シャトー，85小川芋銭の碑と牛久沼，86泊崎大師堂，87逢善寺と森，88板敷山大覚寺，89峰寺山西光院，90朝日峠展望公園とゆう・もあ村，91松見公園と筑波研究学園都市，92板橋不動尊，93福岡堰と桜並木，94金村別雷神社，95筑波山神社，96筑波山と梅林公園，97雨引山楽法寺，98長塚節の生家，99興正寺・石下城跡と鬼怒川，100岡堰

全国的な百選など
未来に残したい日本の自然百選	奥久慈渓谷，涸沼
日本の白砂青松百選	五浦海岸（北茨城市），鵜の岬海岸（十王町），村松海岸（東海村），大洗海岸（大洗町）
さくら名所百選	かみね公園・平和通り（日立市），静峰ふるさと公園（瓜連町）
農村景観百選	水府村（御所内）
かおり風景百選	偕楽園の梅林（水戸市）
歴史の道百選	陸前浜街道～十王坂越
残したい日本の音風景百選	五浦海岸の波音
都市景観百選	つくば市筑波研究学園都市都心地区，水戸市偕楽園公園地区
21世紀に残したい日本の風景	筑波山
日本の道百選	学園東大通り（つくば市），つくば道（つくば市）
日本の滝百選	袋田の滝（大子町）
日本の渚百選	大洗海岸（大洗町），五浦海岸（北茨城市），高戸海岸（高萩市）
日本遺産・百選	つくば，水戸

茨城県行政データ
県庁所在地	〒310-8555 水戸市笠原町978-6 土木部都市計画課 ☎029-301-4575
県東京事務所	〒102-0093 千代田区平河町2-6-3 都道府県会館9F ☎03-5212-9088
その他国内外事務所	大阪，北海道
長期総合計画	計画名『茨城県長期総合計画』 目標年次 概ね2020年頃
	基本目標 新しいゆたかさ，かがやく未来，愛されるいばらきをめざして
茨城県広報紙（誌）	「ひばり」，「ゆうゆう」，「ふぉるむ」
茨城県ホームページアドレス	http://www.pref.ibaraki.jp/
漫遊空間いばらき	http://kanko.pref.ibaraki.jp/
茨城県立図書館	〒310-0011 水戸市三の丸1-5-56 ☎029-221-5568
参考資料	●農林水産業に関連する文化的景観の保護に関する調査研究報告 文化庁文化財部記念物課

栃木県 〈下　野〉

Tochigi Prefecture　県民の日　6月15日
面積　6,408km²　人口　200万人（2003年9月現在）
県庁所在地　宇都宮市（人口　44.4万人）
構成市町村数　49（12市35町2村）
気象　年平均気温　　　　14.1℃
　　　年快晴日数　53日　年間日照時間　2,057時間
　　　年降水日数　116日　年間降水量　1,566mm
土地利用　森林　55.1%，農用地　20.7%
　　　　　宅地　7.3%，水面・河川・水路　4.7%
　　　　　道路　4.3%

県名の由来：
「栃」はトチの木のことで明治期の造語。

県の花：ヤシオツツジ
県の木：トチノキ
県の鳥：オオルリ
県の獣：カモシカ

世界遺産：日光の社寺

県章
栃木県の「栃」の文字をデザイン化。3本の矢印は「木」の古代文字。エネルギッシュな向上性と躍動感を表す。

男体山（写真）

東照宮（日光市）（写真）

シンボル
- 男体山
- 日光

自然景観
山岳　八溝山地，那須五岳，帝釈山地，足尾山地，白根山，男体山，女峰山，皇海山，鷲子山
峠　山王峠，金精峠，境明神峠，仏ノ山峠
高原　那須高原，霧降高原
河川　利根川，那珂川，渡良瀬川，鬼怒川，小貝川
湖沼池　中禅寺湖，川俣湖，五十里湖，出流原弁天池（佐野市），西ノ湖
湿地湿原　渡良瀬遊水池，戦場ヶ原
峡渓谷滝　塩原渓谷，華厳滝，霧降滝，竜王峡
温泉　鬼怒川温泉，川治温泉，湯西川温泉，川俣・奥鬼怒温泉，那須温泉，塩原温泉，中禅寺温泉，湯元温泉，馬頭温泉，赤見温泉，喜連川温泉，大金温泉，板室温泉，女夫淵温泉など
動物　ホンシュウジカ，アオジ，モリアオガエル，ニホンザル，アカゲラ，アオゲラ
植物　ニッコウキスゲ，ワタスゲ，カタクリ，ヒマワリ，ザゼンソウ，サクラ，ツツジ

栃木県景観条例
平成15年3月18日
栃木県条例第6号

栃木県屋外広告物条例
昭和39年
栃木県条例第64号

国立公園・国定公園
日光国立公園

国指定の特別名勝・名勝
華厳滝および中宮祠湖（中禅寺湖）湖畔

農業景観
矢板市内の野火焼き（矢板市）

集落関連景観
大谷石の景観（宇都宮市）

複合景観
渡良瀬遊水地，那須疏水

とちぎの景勝100選

県北 鬼怒沼，山王林道展望台からの眺望，瀬戸合峡と川俣湖，五十里湖・川治湖，龍王峡，大沼公園，小太郎ヶ淵，塩原峡谷，竜化の滝，スッカン沢，沼ッ原湿原と深山ダム，那須岳，那須展望台からの眺望，駒止の滝，八幡のつつじ，殺生石，那須街道の赤松林，東古屋湖，佐貫観音，高原山，八方ヶ原，県民の森，千本松の赤松林，烏ヶ森公園，光真寺とあじさい公園，龍城公園・龍源公園，大雄寺，雲巌寺，早乙女の桜並木，侍塚古墳群，馬頭温泉郷からの眺望，鷲子山神社，勝山公園，南那須四季の森，龍門の滝，落石，御料牧場，

県央 白根山，金精峰，切込・刈込湖，湯の湖，湯滝，光徳沼とその周辺，戦場ヶ原・小田代ヶ原，竜頭の滝，西の湖，中禅寺湖畔，男体山と日光連山，華厳の滝，いろは坂，明智平展望台からの眺望，霧降高原キスゲ平，霧降の滝，裏見の滝，寂光の滝，日光東照宮・輪王寺・二荒山神社とその周辺，含満ヶ淵（憾満ヶ淵），神橋と大谷川，六方沢橋からの眺望，大笹牧場，日光杉並木街道，松本渓谷，庚申山，古峰原高原，石裂山，横根高原と井戸湿地，医王寺，金崎の桜，羽黒山，日光街道桜並木，古賀志山，宇都宮市森林公園，大谷と多気不動尊，飛山城跡，伊許山園地，鎌倉山，西明寺，井頭公園，根本山，高田山専修寺，

県南 五丈の滝，蓬莱山と三滝，名草巨石群，行道山浄因寺，大岩毘沙門天，織姫公園，鑁阿寺・足利学校とその周辺，出流山満願寺，蔵の町，太平山周辺，星野遺跡，東雲の桜，児山城跡，国分尼寺の八重桜，薬師寺八幡宮，出流原弁天池とその周辺，唐沢山，三毳山，大中寺，城山公園，渡良瀬遊水地

全国的な百選など

未来に残したい日本の自然百選	鷲子山，西ノ湖
日本の棚田百選	茂木町，石畑，烏山町，国見
かおり風景百選	今市竜蔵寺の藤と線香（今市市），日光霧降高原のニッコウキスゲ（日光市），那須八幡のツツジ（那須町）
歴史の道百選	日光杉並木街道
残したい日本の音風景百選	大平山あじさい坂の雨蛙
都市景観百選	栃木市歴史的町並み景観形成地区，日光市二社一寺・田母沢御用邸周辺地区，足利市 足利学校・鑁阿寺周辺地区
21世紀に残したい日本の風景	日光・華厳の滝，日光・東照宮
日本の道百選	いろは坂（日光市），日光街道（今市市）
日本の滝百選	華厳の滝（日光市），霧降の滝（日光市）
日本遺産・百選	奥日光，日光の社寺（二荒山神社　東照宮　輪王寺）

栃木県行政データ

県庁所在地　〒320-0027　宇都宮市塙田1-1-20　☎028-623-2323
　土木部都市計画課　☎028-623-2463
県東京事務所　〒102-0093　千代田区平河町2-6-3　都道府県会館11F　☎03-5212-9064
その他国内外事務所　大阪，香港
長期総合計画　計画名　とちぎ21世紀プラン　　目標年次　2005年度
　　　　　　　　将来像　活力と美しさに満ちた郷土"とちぎ"
栃木県広報紙（誌）　「とちぎ」，「とちぎ県民だより」
栃木県ホームページアドレス　http://www.pref.tochigi.jp/
やすらぎの栃木路　観光情報　http://www.pref.tochigi.jp/kankou/index.html
栃木県立図書館　〒320-0027　宇都宮市塙田1-3-23　☎028-622-5115
　〃足利図書館　〒326-0801　足利市有楽町832　☎0284-41-8881
栃木県立博物館　〒320-0865　宇都宮市睦町2-2　☎028-634-1311
参考資料　●とちぎのとち
　　　　　●栃木県景観条例の概要に関するパンフレット
　　　　　●農林水産業に関連する文化的景観の保護に関する調査研究報告　文化庁文化財部記念物課

群馬県 〈上　野〉

Gunma Prefecture　**県民の日**　10月28日
面積　6,363km²　**人口**　202万人（2003年9月現在）
県庁所在地　前橋市（人口　28.4万人）
構成市町村数　69（11市33町25村）
気象　年平均気温　15.0℃
　　　年快晴日数　47日　年間日照時間　2,260時間
　　　年降水日数　99日　年間降水量　1,079mm
土地利用　—

県名の由来：
黒馬、或は、車馬などの諸説がある。

県の花：レンゲツツジ
県の木：クロマツ
県の鳥：ヤマドリ
県の魚：アユ
県のマスコット：
ぐんまちゃんとゆうまちゃん

県章
群馬県の「群」の古字を配し、周囲を上毛三山（赤城山・榛名山・妙義山）で囲んだ形になっている。

赤城山

尾瀬

シンボル
● 上毛三山
　（赤城山、榛名山、妙義山）

自然景観
山岳高原　白根山、浅間山、谷川岳、赤城山、榛名山、妙義山、武尊山、至仏山、燧ヶ岳、玉原高原、榛名高原、浅間高原、草津高原、赤城高原、天神平
溶岩流　鬼押し出し
峠　金精峠、鳩待峠、三国峠、車坂峠、碓氷峠、鳥居峠、草津峠、十石峠、暮坂峠
河川　利根川、渡良瀬川、神流川、吾妻川、烏川、片品川
湖沼池　尾瀬沼、榛名湖、妙義湖、野反湖、赤谷湖、四万湖、奥利根湖、赤城大沼、多々良沼、菅沼、丸沼、湯釜、大峰沼、茂林寺沼
湿地湿原　尾瀬、蛇沼湿原
峡渓谷滝　吾妻峡谷、吹割渓谷、赤倉渓谷、照葉峡、吹割の滝、棚下不動滝、船尾滝、浅間大滝、常布の滝、白サギの滝
温泉　草津温泉、伊香保温泉、水上温泉、四万温泉、沢渡温泉、万座温泉、老神温泉、猿ヶ京温泉、やぶ塚温泉、磯部温泉、片品温泉、いのせ温泉、榛名湖温泉、妙義温泉、下仁田温泉など
動物　コハクチョウ、キジ、コイ、ヤマメ、アユ、ヒグラシ、オニヤンマ、ノコギリクワガタ、オオムラサキ
植物　ヤブカンゾウ、アズマシャクナゲ、オミナエシ、ユウスゲ、ホタルブクロ、ニッコウキスゲ

群馬県景観条例
条例37号
平成5年10月7日

群馬県景観審議会

群馬県屋外広告物条例
条例81号
昭和39年10月16日

国立公園・国定公園
日光国立公園, 上信越高原国立公園, 妙義荒船佐久高原国定公園

国指定の特別名勝・名勝
吾妻峡, 妙義山, 楽山園, 三波石峡＊, 躑躅ヶ岡（ツツジ）, 吹割渓ならびに吹割瀑, 三波川（サクラ）

農業景観
片品川・利根川の河岸段丘（昭和村）

河川景観・池沼景観・湖沼景観・水路景観
雄川堰（甘楽町）, 堀工の葦原景観（館林市）, 利根川と谷田川の柴焼き（板倉町）, 赤岩の渡船（千代田町）

集落関連景観
那須集落の段々畑と石垣（甘楽郡甘楽町）, 堀工の屋敷林（館林市）, 総社山王地区の民家と樫ぐね（前橋市）

複合景観
渡良瀬遊水地（渡良瀬遊水地の葦焼き, 飯野の川田, 合ノ川橋, 谷田川サイフォン, 谷田川第一排水機場）

全国的な百選など

未来に残したい日本の自然百選 丸沼・菅沼, 赤城山・荒山高原
さくら名所百選 赤城南面千本桜（宮城村）, 桜山公園（鬼石町）
農村景観百選 館林市（多々良）
かおり風景百選 草津温泉「湯畑」の湯けむり（草津町）
歴史の道百選 佐渡路〜三国街道, 清水越新道, 中山道〜碓永峠越, 下仁田街道
残したい日本の音風景百選 水琴亭の水琴窟
都市景観百選 高崎市高崎城址地区
21世紀に残したい日本の風景 尾瀬, 浅間山, 赤城山
日本の道百選 旧中山道（松井田町）, ハナミズキ通り（大泉町）
水源の森百選 桐生川源流林（桐生市）, 赤城水源の森（利根村）, 奥利根水源の森（水上町）
水の郷百選 前橋市, 甘楽郡甘楽町
日本の滝百選 吹割の滝（利根村）, 常布の滝（草津町）, 不動滝（赤城村）
日本遺産・百選 尾瀬, 奥利根, 草津温泉

群馬県行政データ

県庁所在地 〒371-8570 前橋市大手町1-1-1 ☎027-223-1111
　環境生活部自然環境課 ☎027-226-2876
県東京事務所 〒102-0093 千代田区平河町2-6-3 都道府県会館8F ☎03-5212-9102
県その他国内外事務所 大阪, 名古屋
長期総合計画 計画名 21世紀のプラン
　　　　　　　　　21世紀・群馬の提案ー子や孫の世代を見据えてー
群馬県広報紙（誌） 「ぐんま広報」
群馬県ホームページアドレス http://www.pref.gunma.jp
群馬県立図書館 〒371-0017 前橋市日吉町1-9-1 ☎027-231-3008
群馬県立歴史博物館 〒370-1293 高崎市岩鼻町239 ☎027-346-5522
参考資料 ●群馬の景観：色彩と知覚 中島直子著 群馬県立女子大学文学部
　　　　　　●農林水産業に関連する文化的景観の保護に関する調査研究報告 文化庁文化財部記念物課

誇れる郷土ガイドー全国47都道府県の誇れる景観編ー　11埼玉県　　彩り豊かな郷土を築こう　彩の国さいたま

埼玉県 〈武　蔵〉

Saitama Prefecture　　**県民の日**　11月14日
面積　3,797km²　**人口**　693万人　（2003年9月現在）
県庁所在地　さいたま市（人口　103万人）
構成市町村数　90　（1政令指定都市40市40町9村）
気象　年平均気温　15.4℃
　　　　年快晴日数　69日　年間日照時間　2,209時間
　　　　年降水日数　100日　年間降水量　1,189mm
土地利用　―

県名の由来：
前玉（さきたま）神社の社号に由来する。

県の花：サクラソウ
県の木：ケヤキ
県の鳥：シラコバト
県の魚：ムサシトミヨ
県の蝶：ミドリシジミ

県　章

県名の由来である「さきみたま」の玉（まがたま）を16個円形に並べ、太陽・発展・情熱・力強さを表す。

埼玉新都心（さいたま市）

蔵造りの町並み（川越市）

シンボル

● 大宮ソニックシティ

自然景観

山岳高原　両神山，雲取山，甲武信ヶ岳，三峰山，狭山丘陵
峠　定峰峠，正丸峠，十文字峠，雁坂峠，志賀坂峠
河川　荒川，利根川，綾瀬川
湖沼池　狭山湖，神流湖，間瀬湖，玉淀湖
湿地湿原　山田池，西田池
峡渓谷滝　長瀞，中津峡，三波石峡，名栗川渓谷，滝川渓谷，丸神の滝，黒山三滝
温泉　千鹿谷温泉，大滝温泉，武甲温泉，名栗温泉，両神温泉，秩父温泉，白岡天然温泉，白久温泉　など
動物　カルガモ，マガモ，カツブリ，シジュウカラ，オナガガモ
植物　梅，桜，ぼたん，花菖蒲，藤，ツツジ，コスモス，曼珠沙華，紅葉

埼玉県景観条例

条例第42号
平成元年7月1日施行

埼玉県景観審議会

埼玉県屋外広告物条例

条例第42号
昭和50年3月18日施行

埼玉県

26

シンクタンクせとうち総合研究機構　発行

彩り豊かな郷土を築こう　彩の国さいたま　　11埼玉県　誇れる郷土ガイド－全国47都道府県の誇れる景観編－

国立公園・国定公園
秩父多摩甲斐国立公園

国指定の特別名勝・名勝
長瀞，三波石峡＊

農業景観
入間の茶畑（入間市），安行の植木（川口市），太田条里遺跡とため池（秩父市），高麗の巾着田（日高市）

集落関連景観
浮野の里（加須市）

複合景観
三富新田（三富開拓地割遺跡，三富新田開拓の地割景観），野火止用水（新座市）

伝統的建造物群保存地区
川越市川越（伝統的建造物群保存地区・商家町）

全国的な百選など

未来に残したい日本の自然百選　平林寺の雑木林，狭山丘陵，名栗川渓谷
農村景観百選　本庄市（都島），久喜市（所久喜），蓮田市（上平野）
かおり風景百選　川越の菓子屋横丁（川越市），草加せんべい醤油のかおり（草加市）
歴史の道百選　鎌倉街道～上道，見沼通船堀
残したい日本の音風景百選　川越の時の鐘，荒川・押切の虫の声
都市景観百選　大宮市盆栽町地区，東松山市高坂丘陵ニュータウン地区，川越市川越歴史的町並地区
21世紀に残したい日本の風景　－
日本の道百選　日光街道（草加市），秩父往還道（大滝村）
日本の滝百選　丸神の滝（両神村）
日本遺産・百選　川越

埼玉県行政データ

県庁所在地　〒336-8501　さいたま市高砂3-15-1　☎048-824-2111
　　県土整備部県土づくり企画課景観・まちづくり推進担当　☎048-830-5367
県東京事務所　〒102-0093　千代田区平河町2-6-3　都道府県会館8F　☎03-5212-9104
長期総合計画　計画名　『埼玉県長期ビジョン』　　　　目標年次　2010度
　　　　　　　　基本理念　「環境優先」，「生活重視」，「埼玉の新しいくにづくり」
　　　　　　　　基本目標　豊かな彩の国づくり
埼玉県広報紙（誌）　「彩の国だより」，「彩の国さいたまグラフ」
埼玉県ホームページアドレス　http://www.pref.saitama.jp/
旅々いらっしゃい彩の国さいたま　http://www.pref.saitama.jp/A07/BY00/Default.htm
埼玉県立浦和図書館　〒336-0011　さいたま市高砂3-1-22　☎048-829-2821
　〃　**熊谷図書館**　〒360-0014　熊谷市箱田5-6-1　☎0485-23-6291
　〃　**川越図書館**　〒350-1124　川越市新宿町1-17-1　☎0492-44-5602
　〃　**久喜図書館**　〒346-0022　久喜市下早見85-5　☎0480-21-2659
埼玉県立博物館　〒330-0803　さいたま市高鼻町4-219　☎048-645-8171
参考資料　●みんなでつくる美しいさいたま　《景観のあらまし》
　　　　　　●農林水産業に関連する文化的景観の保護に関する調査研究報告　文化庁文化財部記念物課

シンクタンクせとうち総合研究機構　発行

千葉県 〈下総　上総　安房〉

Chiba Prefecture　　県民の日　6月15日
面積　5,156km²　人口　595万人（2003年9月現在）
県庁所在地　千葉市（人口　89万人）
構成市町村数　79（1政令指定都市32市41町5村）
気象　年平均気温　16.3℃
　　　年快晴日数　64日　年間日照時間　2,113時間
　　　年降水日数　94日　年間降水量　912mm
土地利用　宅地・その他　41.1%，森林　32.0%
　　　　　農用地　26.9%

県名の由来：
端（つば），茅場（ちがや）などの諸説がある。

県章
千葉県の「チバ」を図案化したもの。

県の花：菜の花
県の木：マキ
県の鳥：ホオジロ

シンボル
● 千葉ポートタワー

自然景観
山岳高原　麻綿原高原，清澄山
河川　利根川，小櫃川，新川
湖沼池　印旛沼，外浪逆浦，手賀沼，亀山湖，八鶴湖
湿地湿原　東京湾内湾，谷津干潟
峡渓谷滝　養老渓谷，七里川渓谷，栗又の滝，小沢又の滝，黒滝，坊滝
海湾岬　犬吠埼，太東崎，野島崎，八幡岬，大房岬，刑部岬，屏風ヶ浦，和田浦，鏡ヶ浦（館山湾），鯛の浦，九十九里浜，太平洋
半島　房総半島
島　仁右衛門島，鴨川松島，海ホタル（人工島）
温泉　曽呂温泉，白子温泉，養老温泉，勝浦温泉，御宿温泉，南館山温泉，銚子温泉，飯岡温泉，千倉温泉など
動物　タイ，ニホンリス，シジュウカラ，コゲラ，メジロ，シラコバト，ハト
植物　サクラ，アヤメ，ショウブ，バラ，ツツジ，キンセンカ，カキツバタ

千葉県景観形成指針
平成5年度策定

千葉県屋外広告物条例
昭和44年
千葉県条例第5号

東京湾アクアライン（木更津市）

九十九里浜

国立公園・国定公園
南房総国定公園，水郷筑波国定公園

国指定の特別名勝・名勝
高梨氏庭園

農業景観
千葉の谷津田（千葉市），大山千枚田（鴨川市），坂本のはす田（長生郡長南町），中沢四ツ塚・四ツ又弁天（富里市），八街市南部の防風保安林と落花ぼっち（八街市），南房総の花畑（千倉町）

森林景観
山武杉のある景観（山武町）

漁業景観
富津の海苔養殖（富津市）

集落関連景観
佐原市の水郷の水田と集落（佐原市），鋸山採石場跡（富津市），富浦町の真木の生垣（安房郡富浦町）

伝統的産業や生活を示す文化財の周辺の景観
西広堰（市原市）

伝統的建造物群保存地区
佐原市佐原（伝統的建造物群保存地区・商家町）

全国的な百選など
未来に残したい日本の自然百選　小櫃川河口の干潟，清澄山
日本の白砂青松百選　富津岬（富津市），平砂浦海岸（館山市），東条海岸（鴨川市），九十九里海岸（旭市・八日市場市），磯の松原（千葉市）
農業景観百選　大多喜町（上原）
日本の棚田百選　鴨川市，大山千枚田
かおり風景百選　天津小湊町誕生寺の線香と磯風（天津小湊町），山田町府馬の大クス（山田町）
歴史の道百選　鎌倉街道～上総道
残したい日本の音風景百選　樋橋の落水，麻綿原のヒメハルゼミ，柴又帝釈天界隈と矢切の渡
都市景観百選　千葉市士気南地区，浦安市新浦安駅周辺地区，印西市千葉ニュータウン都心ビジネスモール地区
21世紀に残したい日本の風景　東京ディズニーランド
日本の道百選　房総フラワーライン（館山市），常盤平さくら通り（松戸市）
日本の渚百選　九十九里浜（飯岡町他2市11町村），鵜原・守谷海岸（勝浦市），犬吠崎君ヶ浜海岸（銚子市），前原・横渚海岸（鴨川市）
日本の灯台50選　犬吠埼灯台，野島埼灯台

千葉県行政データ
県庁所在地　〒260-8667　千葉市中央区市場町1-1　☎043-223-2249
　県土整備部県土づくり企画課　☎048-824-2111
県東京事務所　〒102-0093　千代田区平河町2-6-3　都道府県会館14F　☎03-5212-9013
その他国内外事務所　大阪，シンガポール，ソウル
長期総合計画　計画名『千葉県長期ビジョン』　－新しい世紀の幸せづくり・地域づくり－　目標年次 2025年
国際交流（姉妹友好提携）　パラ州（ブラジル），ウィスコンシン州（アメリカ）
千葉県広報紙（誌）　ちば県民だより，なのはな新聞，ニューライフちば，千葉県通信
千葉県ホームページアドレス　http://www.pref.chiba.jp/
おもしろ半島ちば　http://www.omoshiro-chiba.or.jp/
千葉県立中央図書館　〒260-0855　千葉市中央区市場町11-1　☎043-224-0300
千葉県立西部図書館　〒270-2252　松戸市千駄堀657-7　☎0473-85-4648
国立歴史民俗博物館　〒285-8502　佐倉市城内町117　☎043-486-0123
千葉県立中央博物館　〒260-0852　千葉市中央区青葉町955-2　☎043-265-3111
参考資料　●千葉県の景観資源－千葉県における潜在的資源の再発見と利活用による地域活性化のための調査・実践　　千葉大学工学部都市計画研究室
　●農林水産業に関連する文化的景観の保護に関する調査研究報告　文化庁文化財部記念物課

誇れる郷土ガイド－全国47都道府県の誇れる景観編－ 13東京都　　　　　　首都移転にNo！

東京都 〈武蔵　伊豆〉

Tokyo Prefecture　**都民の日**　10月1日
面積　2,187km²　**人口**　1,191万人（2003年9月現在）
都庁所在地　新宿区西新宿
構成市町村数　62（26市23特別区5町8村）
気象　年平均気温　16.7℃
　　　年快晴日数　44日　年間日照時間　2,056時間
　　　年降水日数　93日　年間降水量　1,302mm
土地利用　宅地　55.9%、道路等　21.0%
（区部）　公園等　6.0%、水面　5.1%
　　　　未利用地　4.0%、農用地　1.7%

都名の由来：
東の京の意味。

都の花：ソメイヨシノ
都の木：イチョウ
都の鳥：ユリカモメ

都章

東京都の「T」をデザインし、3つの同じ円弧で構成。緑色は、東京都の躍動・繁栄・潤い・安らぎを表現する。

シンボル

- レインボーブリッジ
- 東京都庁舎
- 東京タワー

自然景観

山岳高原　高尾山、御岳山、雲取山
峠　小仏峠
河川　利根川、荒川、多摩川、江戸川、綾瀬川、隅田川、目黒川、石神井川、玉川上水
湖沼池　奥多摩湖、村山貯水池（多摩湖）
湿地湿原　東京湾内湾、不忍池
峡渓谷滝　秋川渓谷、御岳渓谷
海湾岬　東京湾
島　伊豆七島、小笠原群島、南鳥島
温泉　網代温泉、奥多摩温泉、鶴の湯温泉、檜原温泉、浅草観音温泉など
動物　パンダ、アホウドリ、メグロ、モリアオガエル、ニホンザル、ムササビ、シジュウカラ
植物　サクラ、ハナショウブ、ウメ、ボタン、バラ、ツツジ、フジ

二重橋（千代田区）

東京都景観条例

平成9年条例第89号
平成9年12月24日公布

東京都景観審議会

東京都屋外広告物条例

昭和24年8月27日
東京都条例第100号

玉川上水（羽村市）
羽村取水堰

シンクタンクせとうち総合研究機構　発行

13 東京都 誇れる郷土ガイドー全国47都道府県の誇れる景観編一

国立公園・国定公園
秩父多摩甲斐国立公園, 小笠原国立公園, 富士箱根伊豆国立公園, 明治の森高尾国定公園

国指定の特別名勝・名勝
旧浜離宮庭園, 旧芝離宮庭園, 向島百花園, 小石川後楽園, 小金井（サクラ）, 六義園

農業景観
上山の椿（大島郡大島町）

複合景観
野火止用水（小平市, 立川市, 東大和市, 東村山市, 東久留米市, 清瀬市）

新東京百景
❶二重橋と皇居外苑 ❷千鳥ヶ淵から日比谷 ❸東京駅と丸の内ビル街 ❹国会議事堂 ❺日比谷公園 ❻皇居東御苑 ❼神田明神・聖堂・ニコライ堂 ❽銀座通り ❾日本橋 ❿浜離宮庭園 ⓫水天宮 ⓬歌舞伎座 ⓭増上寺と東京タワー ⓮迎賓館・旧赤坂離宮 ⓯泉岳寺 ⓰新宿御苑 ⓱新宿超高層ビルと新宿中央公園 ⓲神宮外苑 ⓳湯島天神 ⓴六義園 ㉑小石川後楽園 ㉒東大赤門と安田講堂 ㉓浅草寺と仲見世 ㉔上野公園 ㉕墨田公園 ㉖向島百花園 ㉗清澄庭園 ㉘亀戸天神 ㉙清洲橋と新大橋 ㉚品川神社 ㉛大井埠頭中央公園とモノレール ㉜東京港13号地公園 ㉝目黒不動藤 ㉞大円寺の石仏群 ㉟本門寺五重塔 ㊱羽田空港 ㊲田園調布駅から多摩川台公園 ㊳等々力渓谷 ㊴駒沢オリンピック公園 ㊵世田谷代官屋敷 ㊶明治神宮 ㊷代々木公園と表参道 ㊸新井薬師 ㊹哲学堂 ㊺善福寺公園 ㊻サンシャインシティと都電 ㊼雑司が谷鬼子母神 ㊽飛鳥山公園 ㊾旧古河庭園 ㊿荒川自然公園 51東京大仏 52神井公園と三宝寺池 53西新井大師 54柴又帝釈天 55水元公園 56小松川境親水公園 57高尾山 58普済寺 59成蹊学園のけやき並木 60井の頭公園 61御岳山と御岳渓谷 62塩船観音寺 63大国魂神社と馬場大門けやき並木 64拝島公園 65深大寺と神代植物公園 66薬師池公園 67小金井公園 68玉川上水沿い自然遊歩道 69高幡不動尊 70北山公園 71国分寺と国分寺跡 72大学通りと谷保天満宮 73加無山総持寺 74伏見稲荷神社 75新堀橋付近の玉川上水 76多摩川五本松 77多摩湖 78志木街道のけやき並木 79竹林公園 80野山北公園 81天王森公園からの多摩ニュータウンと富士山 82弁天洞窟 83六枚屏風岩 84羽村の堰 85六道山 86日の出山 87秋川渓谷 88奥多摩湖 89払沢の滝 90三原山 91波浮の港 92登龍峠の展望 93南ヶ山展望台 94羽伏浦海岸 95カンビキ山 96天上山の展望 97ひょうたん山 98御代ヶ池 99大凸部 100南島

全国的な百選など
未来に残したい日本の自然百選 多摩川, 高尾山, 秋川渓谷
日本の白砂青松百選 松山海岸（大島町）, 式根松島（新島村）
農村景観百選 青梅市（今寺, 藤橋）
かおり風景百選 神田古書店街（千代田区）, 江東区新木場の貯木場（江東区）
歴史の道百選 浜街道～鎚水峠越
残したい日本の音風景百選 上野のお山の時の鐘, 三宝寺池の鳥と水と樹々の音, 成蹊学園ケヤキ並木
都市景観百選 渋谷区恵比寿ガーデンプレイス地区, 港区, 品川区, 江東区 臨海副都心（レインボータウン）地区, 墨田区リバーピア吾妻橋周辺地区, 江戸川区葛西沖地区, 大田区田園調布地区, 稲城市ファインヒルいなぎ向陽台地区
21世紀に残したい日本の風景 東京タワー
日本の道百選 内堀通り（千代田区）, 中央通り（中央区）, 新宿副都心街路（新宿区）, 湾岸道路（江東区ほか）
日本の滝百選 払沢の滝（桧原村）
日本の渚百選 筆島（大島町）, 葛西海浜公園・東なぎさ・西なぎさ（江戸川区）
日本遺産・百選 皇居と隣接公園群, 浅草, 臨海副都心, 伊豆七島（大島, 利島, 新島, 神津島, 三宅島, 御蔵島, 八丈島）, 小笠原諸島（小笠原国立公園）

東京都行政データ
都庁所在地 〒163-8001 新宿区西新宿2-8-1 ☎03-5321-1111
都市計画局地域計画部公園緑地課 ☎03-5388-3265
その他国内外事務所 ロスアンゼルス, パリ, ニューヨーク
長期総合計画 計画名 『東京構想2000』－千客万来の世界都市をめざして－ 目標年次 おおむね15年後
目標 魅力と活力のあふれる「千客万来の世界都市・東京」
東京都広報紙（誌） 「東京都」,「東京ルネッサンス・ニュース」
東京都ホームページアドレス http://www.metro.tokyojp/index.htm
東京都立中央図書館 〒106-0047 港区南麻布5-7-13 ☎03-3442-8451
東京都立日比谷図書館 〒100-0012 千代田区日比谷公園1-4 ☎03-3502-0101
東京都立多摩図書館 〒190-0022 立川市錦町6-3-1 ☎0425-24-7221
参考資料
● 景観づくり基本方針 東京都
● 歴史的な資源を活かした景観づくり 歴史的景観保全の指針 東京都生活文化局
● 20世紀の東京景観：定点対比30年 林順信著 JTB
● 共同研究報告景観計画の構成方法：東京23区の景観計画について マッセOsaka
● 農林水産業に関連する文化的景観の保護に関する調査研究報告 文化庁文化財部記念物課

シンクタンクせとうち総合研究機構 発行

神奈川県 〈相模 武蔵〉

Kanagawa Prefecture
面積 2,414km² **人口** 848万人（2003年9月現在）
県庁所在地 横浜市（人口 345万人）
構成市町村数 37（2政令指定都市17市17町1村）
気象 年平均気温 16.2℃
年快晴日数 43日 年間日照時間 2,151時間
年降水日数 96日 年間降水量 1,184mm
土地利用 森林 39.3%，宅地 26.2%
農用地 9.0%，道路 7.7%
水面・河川・水路 3.7%

県名の由来：
神奈河，神名川，上無川の川の名前に基づく。

県の花：ヤマユリ
県の木：イチョウ
県の鳥：カモメ

県 章
神奈川県の「神」の文字を図案化したもの。

シンボル
● 横浜港

自然景観
山岳高原 箱根山，仙石原高原，丹沢山，大山，蛭ヶ岳，金時山，陣馬山，高麗山
峠 小仏峠，三増峠，乙女峠，長尾峠，箱根峠，足柄峠
河川 相模川，多摩川，鶴見川，中津川，神之川，玄倉川
湖沼池 芦ノ湖，津久井湖，相模湖，奥相模湖，丹沢湖，震生湖
湿地湿原 東京湾内湾
峡渓谷滝 中津渓谷，洒水の滝
海湾岬 観音崎，剱崎，稲崎ヶ崎，長者ヶ崎，真鶴岬，剣崎海岸，油壷，荒崎海岸，湘南海岸，由比が浜
半島 三浦半島，真鶴半島
島 江の島，城ヶ島
温泉 箱根温泉，湯河原温泉，鶴巻温泉，飯山温泉，藤野やなまみ温泉，中川温泉など
動物 タイワンリス，ヒヨドリ，ホオジロ，アオゲラ，タイワンリス
植物 すいせん，うめ，さくら，つつじ，しょうぶ・あやめ，あじさい，はまゆう，ふじ

魅力ある景観づくり指針
昭和62年3月策定

横浜港（横浜市）

鶴岡八幡宮（鎌倉市）

神奈川県屋外広告物条例
条例第62号
昭和24年

新しい風，感じて，神奈川　　　　　　14神奈川県　誇れる郷土ガイド－全国47都道府県の誇れる景観編－

国立公園・国定公園
富士箱根伊豆国立公園，丹沢大山国定公園

国指定の特別名勝・名勝
建長寺庭園，円覚寺庭園，瑞泉寺庭園

かながわ景勝50選　（社）神奈川県観光協会
横浜・川崎地域　三溪園，山下公園といちょう並木，野島の夕映，外国人墓地周辺，東高根森林公園　**三浦半島地域**　観音崎，荒崎，大楠山の展望，秋谷の立石，塚山公園，神武寺と鷹取山，油壺湾，盗人狩，劔崎，城ヶ島と大橋，長者ヶ崎，森戸の夕照　**湘南地域**　湘南平と高麗山，稲村ヶ崎，鎌倉十王岩の展望，江の島稚児ヶ淵，光明寺裏山の展望　**西さがみ地域**　曽我梅林，小田原城，石垣山，足柄峠，大雄山最乗寺の並木，長尾峠，秋の仙石原高原，大涌谷，恩賜箱根公園，駒ヶ岳，大観山の展望，椿台，真鶴岬と三ツ石　**丹沢・大山地域**　弘法山，飯山観音，大山山頂，日向薬師，丹沢湖，洒水の滝，犬越路，八菅山と八菅神社，丹沢札掛のモミの原生林　**奥さがみ地域**　小倉橋周辺，城山，嵐山からの相模湖，陣馬山，**県央地域**　無量光寺

かながわ未来遺産100　（神奈川県・神奈川新聞社）
❶中華街，❷座間の大凧，❸野毛大道芸，❹箒杉，❺みなとまつり，❻小網代の森，❼湘南平，❽氷川丸，❾連合艦隊旧士官宿舎，❿相模の大凧，⓫鎌倉　流鏑馬，⓬横浜国際総合競技場，⓭多摩川，⓮城ヶ島の雨，⓯八景島シーパラダイス，⓰京浜臨海部，⓱弘法山公園，⓲よこすか海軍カレー，⓳K・Q・Jの3塔，⓴稲村ヶ崎，㉑江の島，㉒外国人墓地，㉓横浜ビール工場，㉔くずもち，㉕山手，㉖箱根温泉郷・大涌谷，㉗猿島，㉘横浜スタジアム，㉙金沢八景，㉚鳩サブレー，㉛横浜ベイブリッジ，㉜湘南，㉝宮ヶ瀬ダム，㉞吾妻山公園，㉟武山の森，㊱三溪園，㊲ランドマークタワー，㊳高座豚，㊴平塚七夕まつり，㊵東京湾マラソン，㊶大山阿夫利神社，㊷元町，㊸建長寺，㊹港の見える丘公園，㊺貴船まつり，㊻三崎マグロ，㊼生田緑地，㊽浜降祭，㊾大雄山最乗寺，㊿長谷の大仏，51マリンタワー，52泉の森，53烏帽子岩／茅ヶ崎の海の"象徴"，54野毛山動物園，55三笠公園，56箱根関所跡，57横浜のシューマイ，58あつぎ鮎まつり，59箱根寄木細工，60落花生，61川崎大師，62浜ナシ，63帆船日本丸，64山下公園，65真鶴，66岡本太郎美術館，67逗子の夕日，68江ノ電，69こどもの国，70足柄峠，71根岸森林公園，72赤い靴，73川崎市立日本民家園，74相模川，75芦ノ湖，76三浦大根，77三ツ池公園，78称名寺・金沢文庫，79赤レンガ倉庫，80箱根駅伝，81箱根大名行列，82二ヶ領用水，83小田原かまぼこ，84寺家ふるさと村，85観音崎，86曽我梅林，87洒水の滝，88円覚寺，89湯かけまつり，90丹沢・大山，91鎌倉彫，92大和阿波おどり，93寒川神社，94鶴岡八幡宮，95城ヶ島，96横浜港，97ヨコハマカーニバル，98秦野たばこ祭，99ズーラシア，100小田原城

全国的な百選など
未来に残したい日本の自然百選	高麗山，箱根旧街道の杉並木
日本の白砂青松百選	湘南海岸（藤沢市・茅ヶ崎市・平塚市・大磯町），真鶴半島（真鶴町）
農村景観百選	相模原市（田名），伊勢原市（小易）
かおり風景百選	箱根大涌谷硫黄のかおり（箱根町），鵠沼，金木犀の住宅街（藤沢市）
歴史の道百選	東海道～箱根旧街道・湯坂道・西坂，鎌倉街道～七口切道
残したい日本の音風景百選	横浜港新年を迎える船の汽笛，川崎大師の参道，道保川公園のせせらぎと野鳥の声
都市景観百選	横浜市関内周辺地区，横浜市金沢シーサイドタウン住宅地区，横浜市 山手地区，鎌倉市若宮大路周辺地区，横浜市みなとみらい21地区，横浜市港北ニュータウン・タウンセンター地区，川崎市新百合ヶ丘駅周辺地区，横須賀市横須賀港周辺地区
21世紀に残したい日本の風景	横浜港，箱根・芦ノ湖，江ノ島
日本の道百選	山下公園通り・山手本通り（横浜市），若宮大路（鎌倉市）
日本の滝百選	早戸大滝（津久井町），洒水の滝（山北町）
日本の渚百選	輝ヶ崎海岸[こゆるぎの浜]（大磯町），葉山海岸（葉山町），七里ヶ浜海岸（鎌倉市）
日本の灯台50選	観音埼灯台
日本遺産・百選	横浜，古都鎌倉の寺院・神社ほか，箱根

神奈川県行政データ
県庁所在地　〒231-8588　横浜市中区日本大通1　☎045-210-1111
　県土整備部都市整備公園課　☎045-210-6209
県東京事務所　〒102-0093　千代田区平河町2-6-3　都道府県会館9F　☎03-5212-9090
その他国内外事務所　札幌，大阪，名古屋，ロスアンゼルス，シンガポール，ロンドン，大連
長期総合計画　計画名　かながわ新総合計画21　目標年次　2015年度
　　　　　　　基本目標　活力ある神奈川，心豊かなふるさと
神奈川県広報紙（誌）　　「県のたより」
神奈川県ホームページアドレス　http://www.pref.kanagawa.jp/
かながわNOW　http://www.kanagawa-kankou.or.jp/
神奈川県立図書館　　　　〒220-0044　横浜市西区紅葉ヶ丘9-2　☎045-241-3131
　〃　川崎図書館　　　　〒210-0011　川崎市川崎区富士見2-1-4　☎044-233-4537
参考資料　●かながわ景観づくりガイドブック
　　　　　●景観形成計画策定マニュアル
　　　　　●農林水産業に関連する文化的景観の保護に関する調査研究報告　文化庁文化財部記念物課

シンクタンクせとうち総合研究機構　発行

新潟県 〈越後 佐渡〉
Niigata Prefecture

- 面積 12,582km²
- 人口 247万人（2003年9月現在）
- 県庁所在地 新潟市（人口 52.8万人）
- 構成市町村数 110（20市55町35村）
- 気象 年平均気温 14.0℃
  - 年快晴日数 11日 年間日照時間 1,672時間
  - 年降水日数 178日 年間降水量 2,076mm
- 土地利用 森林 68.6%、農用地 14.5%
  - 宅地 4.0%、水面・河川・水路 3.6%
  - 道路 3.3%、原野 0.3%

県名の由来： 信濃川の河口に新しい潟が生まれたところから。

- 県の花：チューリップ
- 県の木：ユキツバキ
- 県の鳥：トキ

県章
新潟県の「新」を中心に、「ガタ」を円形に図案化。融和と希望を象徴し、県勢の円滑な発展を表す。

信濃川

佐渡金山遺跡（相川町）
ゴールデン佐渡金山資料館

シンボル
- 信濃川
- 妙高山

自然景観
山岳高原 妙高高原、妙高山、弥彦山、火打山、越後駒ヶ岳、谷川岳、雨飾山、苗場山、平ヶ岳
峠 三国峠、八十里越、六十里越、鳥井峠、富倉峠
河川 信濃川、阿賀野川
湖沼池 加茂湖、瓢湖、いもり池、月不見の池
湿地湿原 尾瀬、佐潟
峡渓谷滝 阿賀野川ライン、苗名滝（妙高高原町）、惣滝（妙高村）、鈴ヶ滝（朝日村）、清津峡、ヒスイ峡
海湾岬 親不知子不知、尖閣湾、日本海
島 佐渡ヶ島、粟島
温泉 瀬波温泉、栃尾又温泉、六日町温泉、越後湯沢温泉、赤倉温泉など
動物 トキ、ハクチョウ、マガモ、コガモ、ホシハジロ、タカ、ガン
植物 チューリップ、キンポウゲ、ミズバショウ、アヤメ、ユリ、アイリス、サツキ、寒梅

新潟県景観づくり指針
平成4年3月策定

新潟県景観づくり懇談会

新潟県屋外広告物条例
条例第65号
平成7年12月27日

国立公園・国定公園
磐梯朝日国立公園，上信越高原国立公園，中部山岳国立公園，日光国立公園，佐渡弥彦米山国定公園，越後三山只見国定公園

国指定の特別名勝・名勝
佐渡小木海岸，佐渡海府海岸，清津峡，笹川流，貞観園，田代の七ツ釜，清津峡，渡辺氏庭園

農業景観
満願寺の稲架木並木（新津市），夏井の稲架木並木（西蒲原郡岩室村），松之山の棚田（東頚城郡松之山町），山古志の棚田（古志郡山古志村），上船倉の棚田（東頚城郡安塚町）

県土の景観形成推進地域
新潟都市圏地域 ●活力ある美しい町並み景観づくり
新潟・長岡・湯沢を結ぶ地域
- 活力ある美しいまちなみ景観づくり　●川辺の自然を保全した水辺の景観づくり
- 地域の伝統的行事を生かした景観づくり

上越・妙高を結ぶ地域
- 城下町としての歴史を生かした個性的で活力ある美しいまちなみ景観づくり
- 季節感あふれるリゾート地としての景観づくり

新潟・津川を結ぶ地域
- 四季折々に変化する周辺の自然を生かした景観づくり

日本海沿岸地域
- 美しい海岸を取り戻す海辺の景観づくり
- 沈む夕日，冬の荒波等の情景や景勝地等のポイントを取り入れた「日本海夕日ライン」の整備
- 地域特性を生かした中心市街地の整備による活力ある美しいまちなみ景観づくり

魚沼周辺の山間地域
- 自然景観との調和に配慮したリゾートの推進

佐渡地域
- 自然環境の保全を基本とした多様性のある海辺の景観づくり
- 歴史遺産，伝統芸能を景観資源として活用した個性的な景観づくり

全国的な百選など
未来に残したい日本の自然百選　福島潟，天水越のブナ林
日本の白砂青松百選　護国神社周辺の海岸（新潟市），お幕場（神林村）
農村景観百選　岩室村（夏井），津南町（結東），高柳町（荻ノ島）
日本の棚田百選　上船倉（安塚町），狐塚（松之山町），蓮野（大島村），花坂（高柳町），梨ノ木田（高柳町），大開（高柳町），北五百川（下田村）
かおり風景百選　福島潟の草いきれ（豊栄市）
歴史の道百選　佐渡路〜三国街道，清水越新道，越後・米沢街道〜黒沢峠・大里峠・鷹ノ巣峠越，八十里越，松之山街道，松本・千国街道
残したい日本の音風景百選　福島潟のヒシクイ，尾山のヒメハルゼミ
都市景観百選　長岡市千秋が原地区
21世紀に残したい日本の風景　尾瀬
日本の道百選　国道148号線（糸魚川市），天険親不知海（青海町）
日本の滝百選　鈴ヶ滝（朝日村），苗名滝（妙高高原町），惣滝（妙高村）
日本の渚百選　鯨波・青海川海岸（柏崎市），尖閣湾（相川町）
日本の灯台50選　姫埼灯台
日本遺産・百選　佐渡，尾瀬

新潟県行政データ
県庁所在地　〒950-0965　新潟市新光町4-1　☎025-285-5511
　土木部都市局都市政策課　☎025-285-5511
県東京事務所　〒102-0093　千代田区平河町2-6-3　都道府県会館15F　☎03-5212-9002
その他国内外事務所　大阪，ソウル，大連
長期総合計画　計画名　『21世紀最初の10年計画　新潟・新しい波』　目標年次　2010年度
新潟県広報紙（誌）　「Newにいがた」，「Hot Wave」，「県民だより」，「新潟・情報あかねいろ」
新潟県ホームページアドレス　http://www.pref.niigata.jp/
うるおいの新潟観光ガイド　http://www.niigata-kankou.or.jp/
新潟県立図書館　〒950-0941　新潟市女池2066　☎025-284-6001
新潟市郷土資料館　〒951-8014　新潟市礎町3437-8　☎025-228-3259
参考資料
- 新潟県景観づくり指針　景観最前線にいがた　新潟県
- ふるさと新潟の顔づくり事業　景観形成推進地区の指定　新潟県
- 景観づくりのてびき　新潟県
- 平成14度県民アンケート調査（新潟県の景観に関する意識）　新潟県
- 農林水産業に関連する文化的景観の保護に関する調査研究報告　文化庁文化部部記念物課

誇れる郷土ガイド－全国47都道府県の誇れる景観編－　16富山県　　　　水と緑といのちが輝く　元気とやま

富山県 〈越　中〉

Toyama Prefecture

- 面積　4,247km²
- 人口　112万人（2003年9月現在）
- 県庁所在地　富山市（人口　32.6万人）
- 構成市町村数　35（9市18町8村）
- 気象　年平均気温　14.2℃
  - 年快晴日数　26日　年間日照時間　1,661時間
  - 年降水日数　180日　年間降水量　2,271mm
- 土地利用　森林・原野　67.0%、農用地　14.4%
  - 宅地　6.1%、水面・河川・水路　4.8%
  - 道路　4.0%、その他　3.7%

県名の由来：
外山（とやま）、神宿山（かみとめるやま）などの諸説がある。

- 県の花：チューリップ
- 県の木：立山杉
- 県の鳥：ライチョウ
- 県の魚：ブリ、ホタルイカ、シロエビ
- 県の獣：ニホンカモシカ

世界遺産：
白川郷・五箇山の合掌造り集落

県章
県のシンボルである立山をモチーフに、富山県の「と」を中央に配し、躍進する富山県のイメージを表す。

黒部峡谷鉄道（宇奈月町）
新山彦橋

五箇山（上平村）
菅沼集落

シンボル
- 立山連峰
- 黒部峡谷
- 砺波平野
- 五箇山の合掌造り集落

自然景観

山岳高原　立山、剱岳、黒岳、薬師岳、黒部五郎岳、朝日岳、獅子岳、竜王岳、浄土山、弥陀ヶ原、美女平

峠　倶利伽羅峠、針ノ木峠、大多和峠、桧峠、原山峠、越道峠

河川　神通川、黒部川、常願寺川、小矢部川、庄川、早月川、熊野川、片貝川

湖沼池　有峰湖、黒部湖、縄ヶ池、桜ヶ池、みくりが池

砂丘　吹上砂丘

峡渓谷滝　黒部峡谷、称名滝、庄川峡、神通峡

海湾岬　雨晴海岸・松田江の長浜、宮崎・境海岸、富山湾、日本海

温泉　宇奈月温泉、鐘釣温泉、名剣温泉、小川温泉、金太郎温泉、天神山温泉、亀谷温泉、アローザ温泉など

動物　ツル、ルリカケス、ライチョウ、カケス、ミソサザイ

植物　チューリップ、ハナショウブ、ヤエザクラ、エドヒガンザクラ、大クス

富山県景観条例

富山県条例第45号
平成14年9月30日
条例の目的
地域の特性を生かした優れた景観の保全及び創造を図り、水と緑といのちが輝く美しい郷土をつくる

富山県景観審議会

富山県屋外広告物条例

昭和39年4月1日
富山県条例第66号

シンクタンクせとうち総合研究機構　発行

水と緑といのちが輝く 元気とやま　　　　16富山県　誇れる郷土ガイドー全国47都道府県の誇れる景観編ー

国立公園・国定公園
中部山岳国立公園，白山国立公園，能登半島国定公園

国指定の特別名勝・名勝
黒部峡谷附猿飛ならびに奥鐘山

農業景観
福岡町の菅田と菅干（西礪波郡福岡町），平村の茅場と茅刈り風景（東礪波郡平村）

漁業景観
大敷網（氷見市）

複合景観
礪波平野の散村，黒部川扇状地（黒部川扇状地の散村，霞堤と水田，黒部川扇状地の旧堤防跡）

その他の景観資源
朝日町（城山公園からの日本海の眺望，ヒスイ海岸，朝日岳・白馬岳周辺，宮崎自然博物館，不動堂遺跡），宇奈月町（新川育成牧場からの眺望，黒部峡谷，河岸段丘，愛本橋，宇奈月ダム），入善町（雄大な北アルプス，日本海に沈む夕日，下山芸術の森の展望，黒部川扇状地，広大な水田，チューリップ畑），黒部市（宮野運動公園からの眺望，海岸線から見る富山湾に沈む夕日，黒部川の清流），魚津市（僧ヶ岳雪絵，松倉城跡からの富山湾・能登半島の展望，蜃気楼，駅前からの北アルプス，カタクリ群生地，片貝川，早月川の清流，たてもん祭り，長引野のすいせん畑），滑川市（海岸線から見る立山連峰，蜃気楼，カタクリの神秘なひかり，早月川の清流，東福寺野公園），舟橋村（立山連峰，水田風景，シンボルロード），上市町（四季折々の名峰眺岳，高速道からの稲穂の上市平野，厳冬期の大岩山日石寺寒修行），立山町（グリーンパーク吉峰からの富山平野，遥望館からの立山，立山山頂からの眺望，落差日本一の称名滝，大山町（立山山麓スキー場からの眺望，有峰湖，薬師岳，雲の平，五色原，富山国際大学，常西合口用水），富山市（呉羽丘陵から見る立山連峰，田尻池のオオハクチョウ，古志松原，松川の桜並木と城址大護り，大手モールなどの街路，とやまMIRAI地区，富岩運河），大沢野町（猿倉山森林公園からの富山平野の大観，片路峡，神通峡の桜，神通川堤防の千本桜，笹津橋，野仏の里），細入村（庵谷峠からの富山平野，城ヶ山の眺望，笹津山からの富山平野と日本海の眺望，神通峡の渓谷，神通第2ダム，神通川に架かる5つの橋梁），婦中町（婦中町自然公園からの富山平野・立山連峰の眺望，丘の夢牧場，本覚寺の梵鐘，安田城跡，富山市中央植物園），八尾町（白木峰の眺望，神通川越の立山連峰，八尾工業団地展望台からの眺望，城ヶ山公園からの眺望，野積地区の棚田，井田川沿いの石垣，城ヶ山公園の桜，神通川堤防の桜，白木峰のニッコウキスゲの群生，禅寺坂，諏訪町通り，土蔵の町並み），山田村（牛岳からの眺望，深道のブナ林，牛岳スキー場付近，南部の滝群），小杉町（太閤山ランドから眺める立山連峰，薬勝寺池周辺，新興住宅地の住環境，花見橋かいわいと下条川公園），下村（圃場整備された美田と立山連峰，水郷の里，加茂神社杉並木馬事公園），大島町（射水平野の水田景観と立山連峰，大島町絵本館），大門町（庄川，庄川の凧上げ，櫛田神社），新湊町（生活に密着した内川の風景，万葉線，内川の橋梁群・橋物語，海王丸），（晴海岸から見る立山連峰，戸出地区の屋敷林，瑞龍寺，灯篭のぶぶ八丁道，高岡古城公園，金屋町通り町並み，山町筋の土蔵造り，御座屋西通り地区，文化の森周辺），氷見市（氷見海岸からの立山連峰，氷見海岸からの日の出，棚田の里山，阿尾城跡からの町並み，朝日山公園からの町並み，氷見漁港，比美乃江大橋，漁火ロード，松田枝の長浜），福岡町（砺波平野の一翼をなす散居村，里山と田園風景，岸渡川桜並木，矢部の寝観の松，菅笠天日干し），小矢部町（稲葉山から見た砺波平野・散居村，メルヘンランドタワーの景観と眺望，クロスランドタワーの景観と眺望，倶利伽羅古戦場，宮島峡，メルヘン建築），砺波市（展望台から望む砺波平野と散居風景，チューリップ畑，湖上の増山城跡，和田川渓谷，庄川の清流），福野町（安居寺公園からの散居村の展望，チューリップ畑，電照菊ハウスの明かり），庄川町（散居村，松川除けの松並木，庄川峡，舟戸公園の桜並木と対岸の桜，庄川町水記念公園の大噴水），井波町（八乙女山・閑乗寺公園からの砺波平野の眺望，瑞泉寺の伽藍，八日町通り町並み，彫刻師の仕事風景，井口村（赤祖父林道からの砺波平野の眺望，赤祖父山のブナ原生林），城端町（縄ヶ池展望駐車場・つくばね森林公園展望台からの砺波平野，桜ヶ池，縄ヶ池ミズバショウ群生，門前町の町並み，城端別院善徳寺，国道304号アグリランド），福光町（医王山からも砺波平野の散居村風景，イオックスアローザスキー場からの眺望とナイター，近代化された商店街，小矢部川河川公園），平村（人形山の雪形（人形），庄川の渓谷美，四季折々の山の風景，相倉合掌集落），上平村（桂湖，菅沼合掌集落），利賀村（スノーバレー利賀からの眺望，沿道風景，利賀川砂防，大曼陀羅，そば祭り，合掌文化村の野外劇場）　（出典）『NHKふるさとデータブック』NHK出版（1992）ほか

全国的な百選など
未来に残したい日本の自然百選　呉羽丘陵，縄ヶ池
日本の白砂青松百選　古志の松原（富山市），松田江の長浜（氷見市・高岡市）
農村景観百選　平村（相倉）　日本の棚田百選　長坂（五箇山），三乗（八尾町）
かおり風景百選　砺波平野のチューリップ（砺波市），黒部峡谷の原生林（宇奈月町），富山の和漢薬のかおり（富山市）
歴史の道百選　北陸道～倶利伽羅峠越，白ヶ峰往来，石動山道
残したい日本の音風景百選　称名滝，エンナカの水音とおわら風の盆，井波の木彫りの音
都市景観百選　富山県庁・市役所周辺地区　21世紀に残したい日本の風景　立山，黒部峡谷・黒部ダム
日本の道百選　町道諏訪町本通り線（八尾町），五箇山トンネル（城端町・平村）　日本の滝百選　称名滝（立山町）
日本の渚百選　雨晴海岸・松田江の長浜（高岡市，氷見市），宮崎・境海岸（朝日町）
日本遺産・百選　立山・黒部，五箇山

富山県行政データ
県庁所在地　〒930-8501　富山市新総曲輪1-7　☎0764-31-4111
土木部都市計画課　☎076-431-4111
県東京事務所　〒102-0093　千代田区平河町2-6-3　都道府県会館13F　☎03-5212-9030
その他国内外事務所　大阪，名古屋，札幌
長期総合計画　計画名「富山県民新世紀計画」　目標年次　2010年度
基本目標　「水と緑といのちが輝く　元気とやま」
富山県広報紙（誌）　「県広報とやま」，「あいの風だより」
富山県ホームページアドレス　http://www.pref.toyama.jp/
富山県立図書館　〒930-0115　富山市茶屋町206-3　☎0764-36-0178
富山市郷土博物館　〒930-0081　富山市本丸1-62　☎0764-32-7911
参考資料　●富山県景観条例のあらまし　水と緑といのちが輝く景観づくり
●景観に関する県民アンケート結果（平成13年6月実施）
●農林水産業に関連する文化的景観の保護に関する調査研究報告　文化庁文化財部記念物課

シンクタンクせとうち総合研究機構　発行

石川県 〈加賀　能登〉
Ishikawa Prefecture

- 面積　4,185km²
- 人口　118万人（2003年9月現在）
- 県庁所在地　金沢市（人口　45.6万人）
- 構成市町村数　41（8市27町6村）
- 気象
  - 年平均気温　14.7℃
  - 年快晴日数　26日　年間日照時間　1,749時間
  - 年降水日数　178日　年間降水量　2,506mm
- 土地利用　―

県名の由来：
犀川や手取川など石が多い川に由来する。

- 県の花：クロユリ
- 県の木：アテ
- 県の鳥：イヌワシ

県章
「石川」の文字を石川県の地形にデザインしたもので、地色（青）は石川の恵まれた自然環境を表す。

白山

兼六園（金沢市）
ことじ灯籠

シンボル
- 白山
- 金沢城

自然景観
- **山岳高原**　白山、鉢伏山
- **峠**　倶利伽羅峠、谷峠、大日峠
- **河川**　手取川、梯川、名取川、羽咋川、犀川、浅野川、大聖寺川
- **湖沼池**　河北潟、柴山潟
- **峡渓谷滝**　岩間の噴泉塔群
- **湿地湿原**　河北潟、片野鴨池、柴山潟
- **海湾岬**　千里浜、能登金剛、内灘、七尾湾、富山湾、日本海
- **半島**　能登半島、能登外浦海岸
- **砂丘**　内灘砂丘
- **島**　能登島、見附島、舳倉島、七ツ島
- **温泉**　和倉温泉、湯涌温泉、粟津温泉、加賀温泉、片山津温泉、山代温泉、山中温泉など
- **動物**　白鳥、イヌワシ、ツキノワグマ、ニホンカモシカ、ニホンザル
- **植物**　キクザクラ、ツバキ、ヤマフジ、ハナショウブ、ニッコウキスゲ、ミズバショウ

石川県景観条例
石川県条例第10号　平成 5年3月26日
石川県条例第 4号　平成12年3月24日

石川県景観審議会

石川県屋外広告物条例
昭和39年3月30日
条例第60号

国立公園・国定公園
白山国立公園，能登半島国定公園，越前加賀海岸国定公園

国指定の特別名勝・名勝
兼六園，白米の千枚田，那谷寺庫裡庭園，成巽閣庭園，曽々木海岸，上時国氏庭園，時国氏庭園

農業景観
白米の千枚田（輪島市），津幡町の奥山田（津幡町）

森林景観
八田の松林（松任市）

漁場景観・漁港景観・海浜景観
清水町の揚げ浜式塩田（珠洲市），能登島半浦の石積防波堤（能登島町）

集落関連景観
志賀町のころ柿の集落（志賀町），東谷地区の集落（江沼郡山中町），大沢の間垣（輪島市）

独特の気象によって現われる景観
曽々木の波の花（輪島市）

伝統的産業や生活を示す文化財の周辺の景観
曽々木の波の花（輪島市）

複合景観
灘浦（灘浦地区の定置網，百海の棚田と定置網），手取川（手取川扇状地の水田，手取川七ヶ用水取水門と給水口）

全国的な百選など
未来に残したい日本の自然百選 鉢伏山，内灘砂丘
日本の白砂青松百選 増穂浦海岸（富来町），千里浜・安部屋海岸（羽咋市・押水町・志雄町・志賀町），安宅海岸（小松市），加賀海岸（加賀市）
農村景観百選 小松市（日用）
日本の棚田百選 奥山田（津幡町），大笹波水田（富来町），白米の千枚田（輪島市）
かおり風景百選 輪島の朝市（輪島市）
歴史の道百選 北陸道～倶利伽羅峠越，白峰村往来，石動山道，白山禅定道～加賀禅定道～越前禅定道～美濃禅定道
残したい日本の音風景百選 本多の森の蝉時雨，寺町寺院群の鐘
都市景観百選 金沢市 兼六園周辺文化ゾーン地区
21世紀に残したい風景 兼六園，白山
日本の道百選 百間堀通り・百万石通り（金沢市），能登有料道路（穴水町・金沢市ほか）
日本の滝百選 姥ヶ滝（吉野谷村）
日本の渚百選 千里浜なぎさドライブウェー（羽咋市他2町），鉢が崎海岸（珠洲市），小舞子海岸（美川町）
日本の灯台50選 大野灯台
日本遺産・百選 金沢・兼六園，白山

石川県行政データ
県庁所在地 〒920-0962　金沢市広坂2-1-1　☎076-261-1111
　　　　土木部都市計画課景観形成推進室　☎076-225-1760
県東京事務所 〒102-0093　千代田区平河町2-6-3　都道府県会館14F　☎03-5212-9016
その他国内外事務所 大阪，名古屋
長期総合計画 計画名『石川県新長期構想－世界に開かれた文化のくにづくり』　目標年次 2010年
　　　　最重点戦略　①新たな広域交流ネットワークの形成
　　　　　　　　　　②世界に開かれた地域づくりと観光・コンベンション都市づくり
　　　　　　　　　　③豊かな暮らしを支える産業社会づくり
石川県広報紙（誌） 「ほっと石川」，グラフ誌「いしかわ」
石川県ホームページアドレス http://www.pref.ishikawa.jp/
ほっと いしかわ旅ネット http://www.hot-ishikawa.jp/
石川県立図書館 〒920-0964　金沢市本多町3-2-15　☎076-223-9578
参考資料 ●スケッチ金沢：都市景観を読む　櫛田烏亭著　北國新聞社出版局
　　　　　●農林水産業に関連する文化的景観の保護に関する調査研究報告　文化庁文化財部記念物課

福井県 〈若狭 越前〉
Fukui Prefecture

- 面積 4,189km² 人口 83万人（2003年9月現在）
- 県庁所在地 福井市（人口 25.2万人）
- 構成市町村数 35（7市22町6村）
- 気象 年平均気温 14.6℃
  - 年快晴日数 29日 年間日照時間 1,692時間
  - 年降水日数 160日 年間降水量 2,009mm
- 土地利用 森林・原野 31.3％，農用地 4.3％
  - 宅地 1.8％，水面・河川・水路 1.5％
  - 道路 1.3％，その他 1.8％

県名の由来：
名井・越ノ井の名前に由来する。

- 県の花：スイセン
- 県の木：マツ
- 県の鳥：ツグミ
- 県の魚：越前ガニ

県章
「フクイ」を円形にデザインし、県勢の発展と調和を表している。

東尋坊（三国町）

永平寺（永平寺町）

シンボル
- サンドーム福井

自然景観
- **山岳高原** 奥越高原，六呂師高原，荒島岳，白山，冠山
- **峠** 栃ノ木峠，木ノ芽峠，高倉峠，温見峠，油坂峠，谷峠
- **河川** 九頭竜川，北川，足羽川，黒河川，真名川，田倉川
- **湖沼池** 三方五湖，九頭竜湖，麻那姫湖，水月湖，日向湖，北潟湖，夜叉ヶ池，刈込池
- **湿地湿原** 北潟湖，三方五湖，池河内湿原
- **峡渓谷滝** 九頭竜峡，龍双ヶ滝，真名峡，五太子の滝，一乗滝，瓜割の滝
- **海湾岬** 越前岬，常神岬，鋸崎，立石岬，気比の松原，越前海岸，水晶浜，東尋坊（海食景観），若狭湾，敦賀湾，小浜湾，内浦湾，日本海
- **半島** 敦賀半島，常神半島，内外海半島，大島半島，内浦半島
- **島** 鉾島，雄島，水島，御神島，千島
- **温泉** 芦原温泉，鳩が湯温泉，越前温泉，九頭竜温泉，三国温泉など
- **動物** ウグイ，アラレガコ，イトヨ，ミサゴ，ウミウ，カモメ，ツル
- **植物** スイセン，花蓮，オハツキイチョウ，大ケヤキ，ヤマモミジ，ミズバショウ，ツツジ，ソバ

福井県景観づくり基本計画
平成4年3月策定

福井県屋外広告物条例
昭和39年10月1日
福井県条例第45号

味わい　ふれあい　越前若狭　　　　　　　　　18福井県　誇れる郷土ガイド－全国47都道府県の誇れる景観編－

国立公園・国定公園
白山国立公園，越前加賀海岸国定公園，若狭湾国定公園

国指定の特別名勝・名勝
気比の松原，三方五湖，東尋坊，滝谷寺庭園，一乗谷朝倉氏庭園，旧玄成院庭園，万徳寺庭園，西福寺書院庭園，伊藤氏庭園，柴田氏庭園，若狭蘇洞門，城福寺庭園，梅田氏庭園，旧御泉水屋敷

農業景観
越廼村の水仙畑（丹生郡越廼村）

ふるさと福井の自然100
❶文殊山　❷武周ヶ池　❸亀島～鉾島　❹足羽三山　❺一乗谷　❻国見岳　❼小丹生海岸・弁慶の洗濯岩　❽三里浜　❾気比の松原　❿池河内湿原　⓫黒河川上流域　⓬水島・明神崎　⓭門ヶ崎　⓮西方ヶ岳～蠑螺ヶ岳　⓯金ヶ崎城跡・天筒山一帯　⓰野坂岳　⓱鬼ヶ岳　⓲日野山　⓳村国山　⓴蘇洞門海岸　㉑百里ヶ岳・根来坂　㉒蒼島・加斗海岸　㉓久須夜ヶ岳・エンゼルライン　㉔鵜の瀬渓流・白石神社　㉕多田ヶ岳　㉖六呂師高原　㉗赤兎山　㉘刈込池一帯　㉙荒島岳　㉚経ヶ岳　㉛九頭竜峡　㉜姥ヶ岳～平家平～倉ノ又山　㉝一ノ峰～三ノ峰　㉞亀山　㉟銀杏峰・宝慶寺　㊱真名峡・麻那姫湖　㊲笹生川流域・伊勢峠　㊳平泉寺一帯　㊴取立山　㊵岩屋川上流域・岩屋観音　㊶杉山川流域・夫婦滝　㊷法恩寺山・弁ヶ滝　㊸西山公園　㊹羽川中流域・鳴滝一帯　㊺松岡古墳公園　㊻吉野ヶ岳　㊼九頭竜川鳴鹿橋一帯　㊽浄法寺山～冠岳　㊾大仏寺山・永平寺　㊿吉峰寺一帯　51平家岳　52石徹白川流域・天狗岩　53九頭竜湖一帯　54大堤　55瀧谷寺の森　56雄島　57越前松島　58東尋坊・荒磯遊歩道　59北潟湖　60刈安山・剱ヶ岳　61竹田川上流域　62丈競山　63紀倍神社の森　64春日神社の森　65花筐公園　66権現山・柳の滝　67大滝神社の森　68冠山～金草岳　69龍双ヶ滝一帯　70部子山　71杣山　72野見ヶ岳・武周ヶ池　73夜叉ヶ池　74木ノ芽峠～鉢伏山　75日野川上流域　76藤倉山～鍋倉山～文殊山城址　77矢良巣岳　78越知山～花立峰　79蛇ヶ池・蛇ヶ池　80城山　81呼鳥門　82ガラガラ山　83新鮎崎夫婦岩一帯　84水仙群生地　85六所山織田町　86賀茂神社の森　87三方五湖・梅丈岳　88常神半島・御神島　89雲谷山・観音川流域　90三方海中公園・烏辺島　91耳川上流域・屏風ヶ滝　92水晶浜・丹生の浦　93瓜割の滝　94頭巾山・野鹿の滝　95八ヶ峰　96鷹島・城山公園　97音海断崖　98青葉山　99父子川流域・父子不動の滝　100赤礁崎

全国的な百選など
未来に残したい日本の自然百選　冠山，気比の松原
日本の白砂青松百選　気比の松原（敦賀市），美浜の根上りの松群（美浜市）
農村景観百選　宮崎村（宮崎村），越前町（梨々ヶ平）
日本の棚田百選　梨子ヶ平地区千枚田（越前町），日引（高浜町）
かおり風景百選　白山神社境内菩提杯の杉と蘚苔（勝山市）
歴史の道百選　白山禅定道～加賀禅定道～越前禅定道～美濃禅定道，北陸道～木ノ芽峠・湯尾峠越
残したい日本の音風景百選　養蜂の時水
都市景観百選　大野市大野城下町地区
日本の道百選　中宮平泉寺参道（勝山市），三方五湖周遊道路（三方町）
日本の滝百選　竜双ヶ滝（池田町）
日本の渚百選　越前松島東尋坊（三国町），越前海岸（越前町他2町），若狭小浜（小浜市）
日本遺産・百選　永平寺，一乗谷朝倉氏遺跡，白山

福井県行政データ
県庁所在地　〒910-0005　福井市大手3-17-1　☎0776-21-1111
　　土木部都市計画課　☎0776-20-0497
県東京事務所　〒102-0093　千代田区平河町2-6-3　都道府県会館10F　☎03-5212-9074
その他国内外事務所　大阪　名古屋　ニューヨーク　香港　ミラノ
長期総合計画　計画名『ふくい21世紀ビジョン』　目標年次　2010年
　　基本理念　美しく　たくましい　福井
　　基本目標　生活満足度日本一・地球時代に光り輝く福井県
　　最重点戦略　①科学技術・デザイン・情報立県の実現
　　　　　　　　②ふくい百年の大計・人づくり
　　　　　　　　③活き活きとした少子・高齢社会の構築
　　　　　　　　④安全で安心な，環境と調和した社会の創造
　　　　　　　　⑤日本海国土軸の形成
福井県広報紙（誌）　「かわらばんふくい」，「グラフフクイ」
福井県ホームページアドレス　http://www.pref.fukui.jp/
福井きらめきHOTLINE　http://www.pref.fukui.jp/kankoushinkouka/hotline/index.html
旅ぞう－福井県観光ガイド－　http://www.fukui-tabi.com/index-j.asp
福井県立図書館　〒910-0853　福井市城東1-18-21　☎0776-24-5167
　若狭図書学習センター　〒917-0075　小浜市南川町6-11　☎0770-52-2705
参考資料　●景観づくり見て歩き事例集
　　　　　　●景観行政の手引
　　　　　　●農林水産業に関連する文化的景観の保護に関する調査研究報告　文化庁文化財部記念物課

シンクタンクせとうち総合研究機構　発行

山梨県 〈甲　斐〉

Yamanashi Prefecture　県民の日　11月20日
面積　4,465km²　人口　89万人（2003年9月現在）
県庁所在地　甲府市（人口　19.5万人）
構成市町村数　58（8市32町18村）
気象　年平均気温　14.9℃
　　　年快晴日数　45日　年間日照時間　2,303時間
　　　年降水日数　86日　年間降水量　909mm
土地利用　森林　77.5%，農用地　6.2%
　　　　　宅地　3.8%，その他　12.6%

県名の由来：
果物の「ヤマナシ」、山をならして平地にした「山ならし」など諸説。

県の花：フジザクラ
県の木：カエデ
県の鳥：ウグイス
県の獣：カモシカ

県章
3つの人文字で山梨の「山」を、周囲は富士山と武田菱で郷土を象徴しており、和と協力を表現する。

富士山（山梨県側）
河口湖

勝沼の葡萄畑（勝沼町）

シンボル
- 富士山
- 武田信玄

自然景観
山岳高原　富士山，北岳，間ノ岳，甲斐駒ヶ岳，農取岳，仙丈ヶ岳，鳳凰山，大菩薩嶺，八ヶ岳高原，丹沢山地，金峰山，清里高原
原生林　青木ヶ原樹海原生林
峠　夜叉神峠，御坂峠，笹子峠，大菩薩峠，大弛峠，安倍峠，雁坂峠
河川　富士川，相模川，多摩川，桂川，笛吹川
湖沼池　山中湖，河口湖，本栖湖，西湖，精進湖，四尾連湖
峡渓谷滝　昇仙峡，西沢渓谷
温泉　石和温泉，湯村温泉，下部温泉，西山温泉，増富温泉郷など
動物　ヒメネズミ，ツキノワグマ，ニホンカモシカ，イノシシ，ホンドギツネ，マガモ，ヒドリガモ，ヨシガモ，ホシハジロ，キンクロハジロ，ミコアイサ
植物　桜，桃，アヤメ，アズマシャクナゲ，ハナビシソウ，ポピー，ツツジ，ヒマワリ，ラベンダー，コスモス

山梨県景観条例
山梨県条例第24号
平成2年10月20日
- 景観形成地域の指定
- 大規模行為に関する景観形成
- 公共事業等に関する景観形成
- 景観形成住民協定

景観審議会

山梨県屋外広告物条例
平成3年12月24日
条例第35号

19 山梨県　誇れる郷土ガイドー全国47都道府県の誇れる景観編ー

国立公園・国定公園
富士箱根伊豆国立公園，南アルプス国立公園，秩父多摩甲斐国立公園，八ヶ岳中信高原国定公園

国指定の特別名勝・名勝
猿橋，恵林寺庭園，向嶽寺庭園

農業景観
勝沼の葡萄畑（東山梨郡勝沼町），屋代越中守館跡と水田（明野村）

集落関連景観
松里のコロガキを干す集落（塩山市），芦川村の石垣（芦川村）

伝統的建造物群保存地区
早川町赤沢（伝統的建造物群保存地区・山村・講中宿）

独特の気象によって現われる景観
甲府盆地の霧（甲府市）

複合景観
徳島堰（徳島堰取水口と円井集落の水田）

山梨百名山（1997年2月に山梨県が選定）
❶赤岳　❷権現岳　❸編笠山　❹瑞牆山　❺横尾山　❻小川山　❼金峰山　❽国師ヶ岳　❾甲武信ヶ岳　❿破風山　⓫雁坂嶺　⓬笠取山　⓭飛竜山　⓮雲取山　⓯鶏冠山　⓰黒金山　⓱乾徳山　⓲黒川鶏冠山　⓳茅ヶ岳　⓴曲岳　㉑兜山　㉒太刀岡山　㉓羅漢寺山　㉔要害山　㉕帯那山　㉖小楢山　㉗兜山　㉘大蔵経寺山　㉙甲斐駒ヶ岳　㉚鋸岳　㉛日向山　㉜雨乞岳　㉝アサヨ峰　㉞鳳凰山　㉟千頭星山　㊱甘利山　㊲櫛形山　㊳小太郎山　㊴仙丈ヶ岳　㊵北岳　㊶間ノ岳　㊷農鳥岳　㊸笹山　㊹笊ヶ岳　㊺山伏　㊻八紘嶺　㊼七面山　㊽身延山　㊾源氏山　㊿富士見山　51十枚山　52篠井山　53高ドッキョウ　54貫ヶ岳　55白鳥山　56大菩薩嶺　57源次郎岳　58棚横手　59小金沢山　60大蔵高丸　61雁ヶ腹摺山　62笹子雁ヶ腹摺山　63本社ヶ丸　64滝子山　65岩殿山　66百蔵山　67扇山　68権現山　69三頭山　70倉岳山　71柄柄山　72倉掛山　73二十六夜山　74九鬼山　75高川山　76御正体山　77杓子山　78石割山　79今倉山　80菜畑山　81鳥ノ胸山　82大室山　83三ツ峠山　84黒岳　85一ニケ岳　86節刀ヶ岳　87王岳　88足和田山　89釈迦ヶ岳　90達沢山　91大栃山　92春日山　93滝戸山　94蛾ヶ岳　95三方分山　96竜ヶ岳　97毛無山　98長者ヶ岳　99三石山　100思親山　101富士山

全国的な百選など
未来に残したい日本の自然百選　西沢渓谷，青木ヶ原樹海
農村景観百選　都留市（十日市場），上九一色村（富士ヶ嶺），忍野村（内野）
かおり風景百選　勝沼・一宮のぶどう畑とワイン（勝沼町，一宮町）
歴史の道百選　富士吉田口登山道，鎌倉街道～御坂路，棒道
残したい日本の音風景百選　富士山麓・西湖畔の野鳥の森
21世紀に残したい日本の風景　富士山，昇仙峡，八ヶ岳，甲斐駒ヶ岳・南アルプス
日本の道百選　甲州街道（白州町），富士スバルライン（河口湖町ほか）
日本の滝百選　七ツ釜五段の滝（三富村），北精進ヶ滝（武川村），仙娥滝（甲府市）
日本の渚百選　山中湖夕焼けの渚（山中湖村），河口湖留守ヶ岩浜（河口湖町）
日本遺産・百選　勝沼，富士山

山梨県行政データ
県庁所在地　〒400-8501　甲府市丸の内1-6-1　☎055-237-1111
　森林環境部みどり自然課　☎055-223-1523　土木部都市計画課　☎055-223-1717
　土木建築指導課　☎055-223-1734
県東京事務所　〒102-0093　千代田区平河町2-6-3　都道府県会館13F　☎03-5212-9233
その他国内外事務所　大阪
長期総合計画　計画名『山梨未来ビジョン～山梨から明日がはじまる～』　目標年次 2025年
　　基本目標　開（甲斐）の国～知恵の回廊～
　　　　　　環境豊潤県，個性躍動県，未来交流県
山梨県広報紙（誌）　「ふれあい」
山梨県ホームページアドレス　http://www.pref.yamanashi.jp/
観光情報～あなただけの山梨旅物語　http://www.yamanashi-kankou.or.jp/
山梨県立図書館　〒400-0031　甲府市丸の内2-33-1　☎055-226-2586
参考資料　●山梨の歴史景観　山梨郷土研究会編　山梨日日新聞社
　　　　　　●農林水産業に関連する文化的景観の保護に関する調査研究報告　文化庁文化財部記念物課

長野県 〈信　濃〉

Nagano Prefecture

面積　13,585km²
人口　220万人（2003年9月現在）
県庁所在地　長野市（人口36万人）
構成市町村数　118（17市34町67村）
気象　年平均気温　　12.0℃
　　　年快晴日数　36日　年間日照時間　2,018時間
　　　年降水日数　105日　年間降水量　843mm
土地利用　－

県名の由来：
緩く傾斜して広がる扇状地の形容から長野。

県の花：リンドウ
県の木：シラカバ
県の鳥：ライチョウ
県の獣：カモシカ

県章
長野県の「ナ」を円の中央に図案化。山とそれを湖に映す姿を表現し、自然と未来への発展を象徴している。

善光寺本堂（長野市）

上高地（安曇村）

シンボル
- 善光寺
- 千曲川
- 浅間山

自然景観

山岳　奥穂高岳、槍ヶ岳、赤石岳、涸沢岳、北穂高岳、大喰岳、前穂高岳、中岳、御嶽山、塩見岳、仙丈ヶ岳、南岳、乗鞍岳、聖岳、木曽駒ヶ岳、姨捨山、軽井沢、黒姫山、白馬岳、霧ヶ峰、浅間山、鷹狩山

高原　志賀高原、浅間高原、斑尾高原、飯綱高原、美ヶ原高原、蓼科高原、車山高原

峠　大弛峠、塩尻峠、針ノ木峠、杖突峠、北沢峠、三伏峠、安房峠、徳本峠、修那羅峠、十曲峠、大門峠、野麦峠、碓氷峠、夏沢峠、和田峠、鳥居峠、草津峠、富倉峠、大平峠、十石峠

河川　千曲川、信濃川、犀川、天竜川、木曽川、富士川、関川、姫川、矢作川、鹿島川

湖沼池　諏訪湖、野尻湖、青木湖、白樺湖、木崎湖

峡渓谷滝　上高地、天竜峡、寝覚の床、奥裾花渓谷、米子大瀑布、三本滝、田立の滝

温泉　野沢温泉、松代温泉、保科温泉、湯田中温泉、山田温泉、上諏訪温泉、別所温泉、浅間温泉、白骨温泉、上林温泉郷、戸倉上山田温泉、大町温泉郷など

動物　ライチョウ、シジュウカラ、コガラ、ヒガラ、キツネ、テン、イタチ

植物　桜、アンズ、りんご、みずばしょう、あやめ、りんどう、コスモス、そば、もみじ、ミズナラ、ヒノキ

長野県景観条例
平成4年3月19日
長野県条例第22号

長野県景観審議会

長野県屋外広告物条例
昭和36年
長野県条例第69号

20 長野県 誇れる郷土ガイド－全国47都道府県の誇れる景観編－

国立公園・国定公園
中部山岳国立公園，上信越高原国立公園，秩父多摩甲斐国立公園，南アルプス国立公園，八ヶ岳中信高原国定公園，天竜奥三河国定公園，妙義荒船佐久国定公園

国指定の特別名勝・名勝
姨捨（田毎の月），寝覚の床，天竜峡，上高地，光前寺庭園

農業景観
姨捨の棚田（更埴市），大西の棚田（中条村），奥信濃の棚田（飯山市），よこね田んぼ（飯田市），岩垂原のレタス畑（塩尻市），更埴のあんずの里（更埴市）

草地景観
牧の入茅場（北安曇郡小谷村），北御牧の野馬除け跡（北佐久郡北御牧村）

集落関連景観
安曇野の田園風景（南安曇郡三郷村），千国真木集落（小谷村）

古来より芸術の題材や創造の背景となってきた景観
久米路峡（信州新町）

複合景観
諏訪湖，千曲川

伝統的建造物群保存地区
東部町海野宿（伝統的建造物群保存地区・宿場・養蚕町），南木曾町妻籠宿（伝統的建造物群保存地区・宿場町），楢川村奈良井（伝統的建造物群保存地区・宿場町）

全国的な百選など
未来に残したい日本の自然百選 奥裾花渓谷，木曽・赤沢の自然林
農村景観百選 富士見町（立沢）
日本の棚田百選 宇坪入（小諸市），稲倉（上田市），姫子沢（東部町），滝の沢（東部町），よこね田んぼ（飯田市），重太郎（八坂村），青鬼（白馬村），慶師沖（大岡村），根越沖（大岡村），原田沖（大岡村），姨捨（更埴市），塩本（信州新町），栃倉（中条村），大西（中条村），田沢沖（中条村），福島新田（飯山市）
かおり風景百選 赤沢自然休養林の木曽ヒノキ（上松町），松本大名町通りのシナノキ（松本市），飯田りんご並木（飯田市），霧ヶ峰の高原と風（諏訪市，下諏訪町）
水の郷百選 箕輪町，木曽福島町，安曇野（豊科町，穂高町，明科町）
歴史の道百選 中山道～信濃路，野麦峠
残したい日本の音風景百選 善光寺の鐘，塩嶺の小鳥のさえずり，八島湿原の蛙鳴
都市景観百選 小布施町駅前・歴史文化ゾーン地区，松本市松本城周辺市街地地区
21世紀に残したい日本の風景 上高地・穂高，八ヶ岳，浅間山，甲斐駒ヶ岳・南アルプス，安曇野
日本の道百選 並木通り（飯田市），北国街道（東部町），白馬岳線（白馬村）
日本の滝百選 米子大瀑布（須坂市），三本滝（安曇村），田立の滝（南木曽村）
日本の渚百選 諏訪湖ふれあいの渚（諏訪市）
日本遺産・百選 北アルプス，木曽，善光寺，松本城，志賀高原

長野県行政データ
県庁所在地 〒380-0837 長野市南長野字幅下692-2 ☎026-232-0111
　住宅部建築管理課 ☎026-235-7348
県東京事務所 〒102-0093 千代田区平河町2-6-3 都道府県会館12F ☎03-5212-9055
その他国内外事務所 大阪，名古屋，北九州，香港，バンコク，ロスアンゼルス，デュッセルドルフ，サンパウロ
長期総合計画 計画名 『地球時代の知恵のくにをめざして－2010年長野県長期構想』
　目標年次 2010年
長野県広報紙（誌） 「ながのけん」
長野県ホームページアドレス HOTほっとチャンネルながの http://www.pref.nagano.jp/index.htm
さわやか信州旅ネット http://www.nagano-tabi.net/
長野県立長野図書館 〒380-0922 長野市大字若里298 ☎026-228-4500
参考資料
- 景観施策の現況について
- 長野県景観条例関係例規集
- 景観形成住民協定101景
- 農林水産業に関連する文化的景観の保護に関する調査研究報告 文化庁文化財部記念物課

誇れる郷土ガイド－全国47都道府県の誇れる景観編－　21岐阜県　新首都「東京から東濃へ」　日本まん真ん中　岐阜県

岐阜県 〈飛騨　美濃〉

Gihu Prefecture

面積　10,598km²　人口　211万人（2003年9月現在）
県庁所在地　岐阜市（人口　40.3万人）
構成市町村数　96（16市51町29村）
気象　年平均気温　15.9℃
　　　年快晴日数　49日　年間日照時間　2,148時間
　　　年降水日数　117日　年間降水量　1,846mm
土地利用　森林　81.4%，農用地　6.0%
　　　　　宅地　3.6%，水面・河川・水路　2.7%
　　　　　道路　2.4%，原野　0.3%

県名の由来：
信長が周の文王が起こった岐山と孔子の生地・曲阜を合わせて名付けた。

県の花：レンゲソウ
県の木：イチイ
県の鳥：ライチョウ

世界遺産：
白川郷・五箇山の合掌造り集落

県章

岐阜県の「岐」を図案化。円形に囲んで、郷土の平和・団結・円満を表す。

白川郷の合掌造り集落（荻町）

高山三町（高山市）

シンボル

- 長良川
- 白川郷の合掌造り集落

自然景観

山岳　奥穂高岳，涸沢岳，北穂高岳，大喰岳，中岳，南岳，乗鞍岳，恵那山，伊吹山，笠ヶ岳
高原　ひるがの高原
峠　十曲峠，野麦峠，高倉峠，温見峠，油坂峠
河川　木曾川，矢作川，庄内川，長良川，揖斐川，宮川
湖沼池　椛の湖，御母衣湖，大白川湖
峡渓谷滝　川浦渓谷，恵那峡，霞間ヶ渓，揖斐峡，飛水峡，養老滝，阿弥陀ヶ滝，五宝滝
温泉　長良川温泉，下呂温泉，白川温泉，小坂温泉郷，奥飛騨温泉郷など
動物　ライチョウ，ギフチョウ，オオサンショウウオ，ウナギ
植物　サクラ，コスモス，ハナノキ，アジサイ，コブシ，ムクゲ，ミズバショウ，スギ

岐阜県景観形成ガイドライン
平成3年

岐阜県景観形成規制・誘導マニュアル
平成14年3月

岐阜県都市景観懇談会

美しいひだ・みのの景観づくり運動

岐阜県屋外広告物条例
昭和39年10月20日
条例第47号

シンクタンクせとうち総合研究機構　発行

新首都「東京から東濃へ」 日本まん真ん中 岐阜県　　21岐阜県　誇れる郷土ガイド－全国47都道府県の誇れる景観編－

国立公園・国定公園
中部山岳国立公園, 白山国立公園, 揖斐関ヶ原養老国定公園, 飛騨木曽川国定公園

国指定の特別名勝・名勝
霞間ヶ渓（サクラ）, 鬼岩, 永保寺庭園, 木曽川, 東氏館跡庭園

農業景観
坂折の棚田（恵那市）, 正ヶ洞の棚田（白鳥町）

集落関連景観
蜂屋柿作りの集落（美濃加茂市）

独特の気象によって現われる景観
笠ヶ岳の馬の雪形（上宝村）, 笠ヶ岳と乗鞍岳の雪形（高山市）

複合景観
輪中（長良川・揖斐川流域の輪中地帯, 釜笛の水屋群, 長島町の輪中）, 長良川（関市の長良川の小瀬鵜飼, 岐阜市の長良川の鵜飼）

伝統的建造物群保存地区
高山市三町（伝統的建造物群保存地区・商家町）　白川村荻町（伝統的建造物群保存地区・山村集落）

全国的な百選など

未来に残したい日本の自然百選　宇津江四十八滝, 金華山
さくら名所百選　新境川堤（各務原市）, 霞間ヶ渓（池田町）, 根尾谷淡墨公園（根尾村）
農村景観百選　加子母村（小郷）, 白川村（萩町）
日本の棚田百選　正ヶ洞（白鳥町）, 上代田（八百津町）, 坂折（恵那市）, 田頃家（上宝村）, ナカイ田（久々野町）
かおり風景百選　加子母村の檜とササユリ（加子母村）, 飛騨高山の朝市と古い町並（高山市）, 種蔵棚田の雨上がりの石積（宮川村）
歴史の道百選　中山道～東美濃路, 白山禅定道～加賀禅定道～越前禅定道～美濃禅定道
残したい日本の音風景百選　卯建の町の水琴窟（美濃市）, 吉田川の川遊び（八幡町）, 長良川の鵜飼（岐阜市, 関市）
都市景観百選　岐阜市岐阜公園周辺地区, 大垣市大垣駅周辺地区, 高山市景観町並保存地区, 郡上郡八幡町郡上八幡地区, 金山町金山地区
21世紀に残したい日本の風景　飛騨高山, 白川郷, 白山
水源の森百選　青少年の森（伊自良村）, 馬瀬黒石水源の森（馬瀬村）, 大浅柄山水源の森（八幡町）
水の郷百選　大垣市, 海津郡海津町, 郡上郡八幡町, 益田郡馬瀬村
日本の道百選　板取街道（板取村）, 木曽三川パークウェイ（海津町）
日本の滝百選　根尾の滝（小坂町）, 平湯大滝（上宝村）, 養老の滝（養老町）, 阿弥陀ヶ滝（白鳥町）
日本遺産・百選　白山, 白川郷の合掌造り集落（荻町集落）, 飛騨高山, 長良川, 北アルプス

岐阜県行政データ

県庁所在地　〒500-8570　岐阜市藪田南2-1-1　☎058-272-1111
　基盤整備部都市整備政策課　☎058-272-1111
県東京事務所　〒102-0093　千代田区平河町2-6-3　都道府県会館14F　☎03-5212-9020
その他国内外事務所　大阪, 名古屋, ニューヨーク, 香港, パリ, ロスアンゼルス, ロンドン, ソルトレイク, ライゼンハウト, 上海, ゴスフォード
長期総合計画　計画名　『県政の指針』　　目標年次　2003年度
　　　　　　　　基本目標　日本一住みよいふるさと岐阜県づくり
岐阜県広報紙（誌）　　「ふれあい くらしと県政」
岐阜県ホームページアドレス　http://www.pref.gifu.jp
岐阜県立図書館　〒500-8368　岐阜市宇佐4-1-1　☎058-275-5111
参考資料　● 景観設計マニュアル
　　　　　　● 農林水産業に関連する文化的景観の保護に関する調査研究報告　文化庁文化財部記念物課

シンクタンクせとうち総合研究機構　発行

誇れる郷土ガイド－全国47都道府県の誇れる景観編－ 22静岡県　　住む人も訪れる人も快適と感じる「快適空間静岡の創造」

静岡県 〈伊豆　駿河　遠江〉

Shizuoka Prefecture　**県民の日**　8月21日
面積　7,779km²　**人口**　377万人（2003年9月現在）
県庁所在地　静岡市（人口　46.9万人）
構成市町村数　73（20市49町4村）
気象　年平均気温　　　16.7℃
　　　年快晴日数　61日　年間日照時間　2,280時間
　　　年降水日数　88日　年間降水量　1,909mm
土地利用　森林　64.6%、可住地　34.3%
　　　　その他　1.1%

県名の由来：
賤機山（しずはたやま）にちなむ。

県の花：ツツジ
県の木：モクセイ
県の鳥：サンコウチョウ

県　章

富士山と静岡県の地形を図案化。親しみやすい、明るく住みよい静岡県を表現し、力強い前進と団結を表す。

富士山（静岡県側）

日本平の茶畑（清水市）

シンボル
- 富士山
- 茶畑

自然景観

山岳高原　富士山、間ノ岳、東岳、赤石岳、荒川岳、塩見岳、聖岳、光岳、天城高原、朝霧高原
峠　十国峠、天城峠、仁科峠、船原峠、宇津ノ谷峠、本坂峠、安倍峠、青崩峠、薩埵峠、足柄峠、戸田峠、亀石峠、婆娑羅峠、富士見峠、大日峠、二本松峠
河川　天竜川、大井川、富士川、安倍川、柿田川、狩野川
湖沼池　浜名湖、猪鼻湖、引佐細江湖、井川湖、畑薙湖、田貫湖、一碧湖、桶ヶ谷沼、湧玉池
峡渓谷滝　白糸滝、音止の滝、寸又峡、不動峡、接岨峡、明神峡、白倉峡、三ツ池洞窟（溶岩洞）、安倍の大滝、不動の滝、万城の滝、浄蓮の滝、河津七滝　**鍾乳洞**　竜ヶ岩洞
海湾岬　石廊崎、御前崎、大瀬崎、黄金崎、瓜木崎、城ヶ崎海岸、波勝岬、恋人岬、御浜岬、南遠砂丘、三保の松原、弓ヶ浜、相模湾、駿河湾、遠州灘、太平洋　**半島**　伊豆半島　**島**　初島、弁天島
温泉　熱海温泉、伊東温泉、熱川温泉、伊豆長岡温泉、修善寺温泉、天城湯ヶ島温泉など
動物　ライチョウ、オイカワ、サギ、カワセミ
植物　ウメ、サクラ、アジサイ、ツツジ、ベゴニア、ボタン、ハナショウブ、藤、ラン、キク、バラ、カーネーション

静岡県景観形成ガイドプラン
昭和62年度

静岡県屋外広告物条例
静岡県条例第16号
昭和49年3月22日

シンクタンクせとうち総合研究機構　発行

住む人も訪れる人も快適と感じる「快適空間静岡の創造」　22静岡県　誇れる郷土ガイド－全国47都道府県の誇れる景観編－

国立公園・国定公園
富士箱根伊豆国立公園，南アルプス国立公園，天竜奥三河国定公園

国指定の特別名勝・名勝
三保松原，白糸ノ滝，日本平，楽寿園，柴屋寺庭園，清見寺庭園，臨済寺庭園，竜潭寺庭園，伊豆西南海岸，楽寿園，日本平，

農業景観
大栗安の棚田（天竜市），牧之原大茶園（小笠郡菊川町），浮島沼と富士山（沼津市），愛鷹山麓の茶畑（沼津市），西浦みかん畑（沼津市），富士山南麓の茶畑（富士市）

草地景観
大室山（伊東市），朝霧高原の牧草地（富士宮市）

河川景観
柿田川（清水町），天竜川の鮎釣り（浜北市内）

集落関連景観
西伊豆海岸の農村集落（西伊豆町），西伊豆海岸の漁村集落（西伊豆町）

複合景観
伊豆のわさび田（中伊豆のわさび田，天城湯ケ島町の棚場のわさび田），浜名湖（浜名湖のねこ網漁，浜名湖のたきや漁，浜名湖の養鰻とメッコ漁，引佐細工，浜名湖の海苔養殖），駿河湾の桜えび漁（駿河湾の桜えび漁，桜えびの水揚げ・競りの行われる大井川港，蒲原町のさくらえび漁と天日干し）

全国的な百選など

未来に残したい日本の自然百選　柿田川湧水群，寸又峡
日本の白砂青松百選　弓ヶ浜（南伊豆町），千本松原（沼津市），三保の松原（静岡市），遠州大砂丘（湖西市・浜松市・磐田市・竜洋町ほか）
農村景観百選　富士宮市（西富士），湖西市（山口），菊川町（富田）
日本の棚田百選　久留女木（引佐町），大栗安（天竜市），荒原（天城湯ヶ島町），下ノ段（天城湯ヶ島町），北山（戸田村）
かおり風景百選　豊田香りの公園（豊田町），牧之原・川根路のお茶（牧之原地区，川根地区＜島田市，掛川市，御前崎市，相良町，榛原町，吉田町，金谷町，浜岡町，小笠町，菊川町，川根町，中川根町，本川根町＞），松崎町桜葉の塩漬け（松崎町），浜松のうなぎ（浜松市）
歴史の道百選　東海道～小夜の中山道・金谷坂・大井川川越遺跡，本坂通，下田街道～天城越
残したい日本の音風景百選　遠州灘の海鳴・波小僧，大井川鉄道のSL
都市景観百選　静岡市，清水市 静清地区，掛川市掛川城天守閣・城下町風街づくり地区，沼津市沼津御用邸記念公園周辺地区
21世紀に残したい日本の風景　富士山，浜名湖
日本の道百選　富士山スカイライン（富士宮市ほか），天城路（河津町ほか）
日本の滝百選　安倍の大滝（静岡市），浄蓮の滝（天城湯ヶ島町），白糸・音止めの滝（富士宮市）
日本の渚百選　弓ヶ浜（南伊豆町），牛臥・島郷・志下海岸（沼津市）
水の郷百選　三島市，天竜市，かわね郷（川根町，中川根町，本川根町）
日本の灯台50選　石廊埼灯台，神子元島灯台，御前埼灯台
日本遺産・百選　富士山，奥大井・南アルプス，日本平

静岡県行政データ

県庁所在地　〒420-8601　静岡市追手町9-6　☎054-221-2455
　都市住宅部都市政策総室都市政策室　☎054-221-3528
県東京事務所　〒102-0093　千代田区平河町2-6-3　都道府県会館13F　☎03-5212-9035
その他国内外事務所　大阪，名古屋，ロスアンゼルス，シンガポール，デュッセルドルフ，上海
長期総合計画　計画名　『静岡県新世紀創造計画』　目標年次　2004年
　基本目標　未来への挑戦！あふれる活力輝く静岡
静岡県広報紙（誌）　「静岡県公報」，「My しずおか」
静岡県ホームページアドレス　http://www.pref.shizuoka.jp/
Hello Navi静岡　http://kankou.pref.shizuoka.jp/　（静岡県・静岡県観光協会提供）
静岡県立中央図書館　〒422-8002　静岡市谷田53-1　☎054-262-1246
参考資料　●農林水産業に関連する文化的景観の保護に関する調査研究報告　文化庁文化財部記念物課

シンクタンクせとうち総合研究機構　発行

愛知県 〈三河 尾張〉

Aichi Prefecture

面積 5,152km²　**人口** 696万人（2003年9月現在）
県庁所在地 名古屋市（人口217万人）
構成市町村数 87（1政令指定都市31市45町10村）
気象　年平均気温　　15.8℃
　　　　年快晴日数　40日　年間日照時間　2,193時間
　　　　年降水日数　109日　年間降水量　1,610mm
土地利用　森林　42.8%、宅地　17.0%
　　　　　農用地　16.6%、道路　8.6%
　　　　　水面・河川・水路　4.7%

県名の由来： 海風の地、鮎淵、湧水（あゆ）の地など。

県の花： カキツバタ
県の木： ハナノキ
県の鳥： コノハズク
県の魚： クルマエビ

県章
「あいち」の文字を図案化。太平洋に面した県の海外発展性と希望に満ちた旭日波頭を表している。

名古屋城（名古屋市）

明治村（犬山市）

シンボル
● 名古屋城

自然景観
山岳高原　愛知高原、段戸高原、面の木高原、茶臼山高原、鳳来寺山、石巻山、本宮山、道樹山、蓬莱寺山、岩古谷山、宮路山
峠　本坂峠、多目峠、宇利峠、杣坂峠、与良木峠、三峰峠、笹暮峠
河川　木曽川、矢作川、庄内川、日光川、豊川、山崎川、五条川
湖沼池　三河湖、みどり湖、芦ヶ池、葦毛湿原
湿地湿原　汐川干潟、藤前・庄内干潟地、伊勢湾奥部、木曽三川下流部
峡渓谷滝　振草渓谷、香嵐渓、王滝渓、くらがり渓谷、鳳来峡、大入渓谷、神越渓谷、乳岩峡、奥矢作峡、鳴沢の滝、阿寺の七滝、不動の滝
海湾岬　伊勢湾、三河湾、恋路ヶ浜、片浜十三里、伊良湖岬、太平洋
半島　渥美半島、知多半島
島　佐久島、篠島、日間賀島、蒲郡竹島、三河大島
温泉　湯谷温泉、蒲郡温泉、西浦温泉、吉良温泉、三谷温泉、猿投温泉、尾張温泉、奥矢作温泉など
動物　ゲンジボタル、カワウ、ウミウ、ヒメウ、ゴイサギ、コサギ、アマサギ
植物　バラ、ストック、キンセンカ、カキツバタ、ハナノキ

愛知県都市景観マスタープラン
平成3年3月

愛知県都市景観形成推進懇談会

愛知県屋外広告物条例
愛知県条例第50号
昭和39年10月6日

23愛知県　誇れる郷土ガイド－全国47都道府県の誇れる景観編－

国立公園・国定公園
三河湾国定公園，飛騨木曽川国定公園，天竜奥三河国定公園，愛知高原国定公園

国指定の特別名勝・名勝
名古屋城二ノ丸庭園，木曽川，木曽川堤（サクラ），鳳来寺山，阿寺の七滝，乳岸および乳岩峡

農業景観
四谷の千枚田（南設楽郡鳳来町），一宮市周辺の島畑（一宮市）

漁場景観
吉田沖の白海苔養殖漁場（吉良町）

習俗・行事などによって現われる景観
阿久比谷虫供養（阿久比町）

全国的な百選など

未来に残したい日本の自然百選　葦毛湿原，汐川干潟
日本の白砂青松百選　恋路ヶ浜（渥美町大字伊良湖字恋路浦ほか），伊良湖開拓海岸防災林（渥美町大字伊良湖字飛越ほか）
農村景観百選　安城市（明治用水）
日本の棚田百選　四谷千枚田（鳳来町），長江（設楽町）
かおり風景百選　半田の酢と酒，蔵の町（半田市）
歴史の道百選　本坂通
残したい日本の音風景百選　東山植物園の野鳥，伊良湖岬恋路ヶ浜の潮騒
都市景観百選　名古屋市久屋大通地区，名古屋市名古屋港ガーデンふ頭周辺地区，犬山市 犬山城下町木曽川畔地区
21世紀に残したい日本の風景　名古屋城
日本の道百選　市道久屋大通り（名古屋市），渥美サイクリングロード（渥美町ほか）
日本の滝百選　阿寺の七滝（鳳来町）
日本の渚百選　恋路ヶ浜（渥美町），千鳥ヶ浜（南知多町）
日本の灯台50選　禄剛埼灯台，伊良湖岬灯台
日本遺産・百選　犬山城・明治村

愛知県行政データ

県庁所在地　〒460-0001　名古屋市中区三の丸3-1-2　☎052-961-2111
　建設部公園緑地課企画・景観グループ　☎052-961-2111　内線2674
県東京事務所　〒102-0093　千代田区平河町2-6-3　都道府県会館9F　☎03-5212-9092
その他国内外事務所　大阪，札幌，バンコク，シドニー，ハンブルグ，ダラス，サンパウロ，パリ
長期総合計画　計画名　新世紀へ飛躍「愛知2010計画」　目標年次 2010年
　　　　基本目標　「人と地域の個性が輝き，交流・創造の拠点となる愛知」の実現
愛知県広報紙（誌）　「広報あいち」，県政PR版「愛知県」，「Ex Aichi（エクス・あいち）」
愛知県ホームページアドレス　ネットあいち　http://www.pref.aichi.jp/
愛知観光情報ファイル　http://www.aichi-kanko.jp/apta000.asp（社団法人愛知県観光協会）
愛知県立図書館　〒460-0001　名古屋市中区三の丸1-9-3　☎052-212-2323
参考資料　●愛知県都市景観マスタープラン　あいち潤い空間の形成に向けて　愛知県
　　　　●きれいだなも　おいでん　愛知の都市景観　愛知県
　　　　●土地に関する統計年報　愛知県
　　　　●農林水産業に関連する文化的景観の保護に関する調査研究報告　文化庁文化財部記念物課

三重県 〈伊勢志摩　伊賀紀伊〉

Mie Prefecture
面積　5,773km²
人口　186万人（2003年9月現在）
県庁所在地　津市（人口　16.3万人）
構成市町村数　69（13市47町9村）
気象　年平均気温　　16.0℃
　　　年快晴日数　37日　年間日照時間　2,114時間
　　　年降水日数　101日　年間降水量　1,362mm
土地利用　森林　64.8%，農用地　11.4%
　　　　宅地　6.2%，道路　3.9%
　　　　水面・河川・水路　3.6%

県名の由来：
水辺（みえ）から。

県の花：ハナショウブ
県の木：ジングウスギ
県の鳥：シロチドリ
県の魚：伊勢エビ
県の獣：カモシカ

県民歌：
昭和39年4月20日制定

県章
三重の「み」を図案化、特産の真珠を象徴。右上がりのデザインは、県の力強い飛躍を表現している。

伊勢神宮（伊勢市）

熊野古道（海山町）
馬越峠

シンボル
- 伊勢志摩
- 伊勢神宮
- 真珠

自然景観
山岳高原　青山高原，大台ヶ原，江野高原，御在所山
峠　鈴鹿峠，鞍掛峠，長野峠，高見峠，青山峠，荷阪峠，矢ノ川峠，花抜峠，馬越峠
河川　宮川，雲出川，櫛田川，鈴鹿川，熊野川（新宮川），大内山川，揖斐川，木曽川
湖沼池　宮川湖，君ヶ野湖
湿地湿原　木曽三川下流部
峡渓谷滝　瀞峡，赤目四十八滝，石水渓，宇賀渓，大杉峡谷，香落渓
海湾岬　大王崎，三木崎，九木崎，御座岬，七里御浜，二見浦，国府白浜，中尾鷲湾，五ヶ所湾，英虞湾，伊勢湾，熊野灘，太平洋
海食　熊野の鬼ヶ城
半島　志摩半島，紀伊半島
島　神島，答志島，菅島，坂手島，渡鹿野島，間崎島
温泉　長島温泉，湯の山温泉，湯ノ口温泉，榊原温泉，一志温泉，猪の倉温泉，三重嬉野温泉など
動物　海ガメ，オオサンショウ，カワガラス，セキレイ，ヨシノボリ，ホンドギツネ
植物　ウメ，サクラ，ツツジ，ハナショウブ，シャクナゲ，ツバキ，ハマユウ，ハマボウ

三重県景観形成指針
平成8年度作成
4つの基本目標
10の指針
景観づくりの推進方策の3本柱

三重県屋外広告物条例
昭和41年10月7日
条例第45号

オー・ソレ・みえ　　　　24三重県　誇れる郷土ガイド－全国47都道府県の誇れる景観編－

三重県

国立公園・国定公園
伊勢志摩国立公園，吉野熊野国立公園，鈴鹿国定公園，室生赤目青山国定公園

国指定の特別名勝・名勝
熊野の鬼ヶ城附獅子岩，赤目の峡谷，北畠氏館跡庭園，三多気のサクラ，城之越遺跡，旧諸戸氏庭園，諸戸氏庭園

農業景観
丸山千枚田（南牟婁郡紀和町），二木島町・御浜町のシシ垣（熊野市）

漁業景観
伊勢湾松阪沖の海苔ひび（松阪市）

複合景観
輪中（長島町）

美しい景色一番（三重県）
●三つの顔を持つ三重の海　●日本一美しいリアス式海岸（伊勢志摩）　●日本一の夕景の海辺（英虞湾）　●美しい清流を誇る川（宮川）　●日本一美しい滝の表情（赤目四十八滝）　●晴れやかに、日本一の日の出（二見大婦岩）　●灯台のある風景、日本一（大王埼灯台／安乗埼灯台）　●名水百選／雨乞いに霊験あらたか（恵利原の水穴）　●名水百選／鯉の泳ぐまち（智積養水）　●名滝百選／自然林の中の美しい滝（布引の滝）　●名桜百選／中世からの桜の名所（三多気の桜）　●美しい空を取り戻す技術を世界に（国際環境技術移転研究センター）　●華麗さ日本一のしだれ梅（結城神社しだれ梅）　●独自に「ウミガメ保護条例」を制定（紀宝町ウミガメ公園）　●ことば遊びから、文学へ。旅に生きた、漂泊の詩人　松尾芭蕉

全国的な百選など
未来に残したい日本の自然百選　御在所岳・江野高原，七里御浜
日本の白砂青松百選　鼓ヶ浦（鈴鹿市），七里御浜（熊野市・美浜町・和歌山県新宮市ほか）
さくらの名所百選　三多気（美杉村），宮川堤（伊勢市）
農村景観百選　御浜町（阿田和）
日本の棚田百選　丸山千枚田（紀和町），深野のだんだん畑（飯南町），坂本（亀山市）
かおり風景百選　答志島和具浦漁港の塩ワカメづくり（鳥羽市），大台ヶ原のブナの原生林（宮川村），伊勢神宮参道千年の杜（伊勢市）
歴史の道百選　東海道～鈴鹿峠越，伊勢本街道～飼坂峠越，熊野参詣道（伊勢路―海山町・尾鷲市）
残したい日本の音風景百選　伊勢志摩の海女の磯笛
都市景観百選　上野市伊賀上野城周辺地区
21世紀に残したい日本の風景　志摩半島・英虞湾，伊勢神宮
水源の森百選　西教山水源の森（阿山郡大山田村）
森林浴の森百選　赤目四十八滝（名張市），伊勢三郷山（伊勢市）
水の郷百選　桑名郡長島町
日本の道百選　旧東海道（関町），国道260号線（賢島～長島）（阿児町，紀伊長島町）
日本の滝百選　布引の滝（紀和町），赤目四十八滝（名張市），七ツ釜滝（宮川村）
日本の渚百選　七里御浜（熊野市），二見浦海岸（二見町）
日本の灯台50選　神島灯台，菅島灯台，安乗埼灯台，大王埼灯台
日本遺産・百選　紀伊山地の霊場と参詣道，伊勢神宮

三重県行政データ
県庁所在地　〒514-8570　津市広明町13　☎059-224-3070
　県土整備部住民参画チーム　☎059-224-2747
県東京事務所　〒102-0093　千代田区平河町2-6-3　都道府県会館11F　☎03-5212-9065
その他国内外事務所　大阪，シンガポール
長期総合計画　計画名 新しい総合計画「三重のくにづくり宣言　2010年への変革と創造」　目標年次 2010年
　基本理念　開かれた三重を共につくる
三重県広報紙（誌）　三重県公報，県政だよりみえ，県政TODAY
三重県ホームページアドレス　http://www.pref.mie.jp/
かんこうみえ　http://www.kankomie.or.jp/
三重県立図書館　〒514-0114　津市一身田上津部田1234　☎059-233-1182
参考資料　●三重県景観形成指針：美しく魅力ある三重の実現に向けて　三重県土木部都市住宅計画課
　　　　　　●三重県公共施設景観形成指針
　　　　　　●農林水産業に関連する文化的景観の保護に関する調査研究報告　文化庁文化財部記念物課

シンクタンクせとうち総合研究機構　発行

誇れる郷土ガイド－全国47都道府県の誇れる景観編－ 25滋賀県　　　　　水色いちばん－滋賀です

滋賀県〈近江〉
Shiga Prefecture

面積 4,017km² **人口** 134万人（2003年9月現在）
県庁所在地 大津市（人口 29万人）
構成市町村数 50（8市41町1村）
気象 年平均気温　14.7℃
　　　年快晴日数　33日　年間日照時間　1,925時間
　　　年降水日数　133日　年間降水量　1,739mm
土地利用 森林 51.3%、水面・河川・水路 19.7%
　　　　　農用地 14.8%、宅地 5.5%
　　　　　道路 3.0%、原野 0.2%

県名の由来：漁業、漁民や湖に関係する語源とする諸説がある。

県の花：シャクナゲ
県の木：モミジ
県の鳥：カイツブリ

世界遺産：古都京都の文化財
　　　　　（比叡山延暦寺）

県章
「シ」「ガ」を左右に配し、中央の空間を琵琶湖をとして図案化。全体の円形と上部の両翼で和と飛躍を表す。

比叡山から琵琶湖を望む

彦根城（彦根市）

シンボル
● 琵琶湖

自然景観
山岳高原　鈴鹿山脈、伊吹山、御在所山、霊仙山、比叡山、比良山、御池岳
峠　月出峠、栃ノ木峠、鈴鹿峠、鞍掛峠
河川　野洲川、瀬田川
湖沼池　琵琶湖、余呉湖、三島池
湿地湿原　琵琶湖
渓谷滝　楊梅の滝
洞穴・鍾乳洞　河内風穴
半島　烏丸半島
島　竹生島、沖島、矢橋帰帆島
温泉　雄琴温泉、堅田温泉、びわ湖温泉、石山温泉、南郷温泉、虹乃湯温泉、今浜温泉、塩野温泉など
動物　ビワコオオナマズ、マガモ、オシドリ、ユリカモメ、カイツブリ、ダイサギ、赤トンボ
植物　アセビ、桜、牡丹、ヨシ、ザゼン草、シャクナゲ、サツキ、ツツジ、ハス、ヨシ

ふるさと滋賀の風景を守り育てる条例
滋賀県条例第24号
昭和59年7月19日

滋賀県景観審議会

滋賀県屋外広告物条例
昭和49年9月27日
滋賀県条例第51号

シンクタンクせとうち総合研究機構　発行

国立公園・国定公園
琵琶湖国定公園, 鈴鹿国定公園

国指定の特別名勝・名勝
延暦寺坂本里坊庭園, 竹生島, 円満院庭園, 光浄院庭園, 善法院庭園, 浄信寺庭園, 大通寺含山軒および蘭亭庭園, 青岸寺庭園, 胡宮神社社務所庭園, 多賀神社奥書院庭園, 旧秀隣寺庭園, 醒井峡谷, 幻宮楽々園, 兵主神社庭園, 福田寺庭園, 居初氏庭園, 西明寺本坊庭園, 金剛輪寺明壽院庭園, 延暦寺坂本里坊庭園 雙厳院庭園・宝積院庭園・滋賀院門跡庭園・佛乗院庭園・旧白毫院庭園・旧竹林院庭園・蓮華院庭園・律院庭園・実蔵坊庭園・寿量院庭園, 大角氏庭園, 旧彦根藩松原下屋敷（お浜御殿）庭園

農業景観
湖北の条里集落（長浜市）, 近江のシシ垣（高島郡高島町）

複合景観
琵琶湖（出島の灯台, 小舟入の常夜燈, 西湖の水郷, 琵琶湖のえり漁, 琵琶湖のおいさで漁, 琵琶湖の四手網漁, 竹生島, 琵琶湖の夕景と夜景, 琵琶湖内湖と八幡堀）

琵琶湖八景
晩霧 海津大崎の岩礁, 新雪 賤ヶ岳の大観, 涼風 雄松崎の白汀, 深緑 竹生島の沈影, 煙雨 比叡の樹林, 月明 彦根の古城, 夕陽 瀬田・石山の清流, 春色 安土・八幡の水郷

近江八景
三井の晩鐘, 唐崎の夜雨, 比良の暮雪, 堅田の落雁, 粟津の晴嵐, 石山の秋月, 瀬田の夕照, 矢橋の帰帆

伝統的建造物群保存地区
近江八幡市八幡（伝統的建造物群保存地区・商家町）

全国的な百選など
未来に残したい日本の自然百選 余呉湖, 御池岳のオオイタヤメイゲツ群落
日本の白砂青松百選 雄松崎（志賀町）, 湖西の松林（今津町・マキノ町）
農村景観百選 五個荘町（金堂）, 甲良町（下之郷）
日本の棚田百選 畑の棚田（高島町）
かおり風景百選 比叡山延暦寺の杉と香（大津市）, 古窯信楽の登り窯（信楽町）
歴史の道百選 東海道～鈴鹿峠越
残したい日本の音風景百選 三井の晩鐘, 彦根城の時報鐘と虫の音
都市景観百選 大津市大津湖岸なぎさ公園地区
21世紀に残したい日本の風景 琵琶湖
日本の道百選 瀬田の唐橋（大津市）, 県道大津草津線（草津市ほか）
日本の滝百選 八ツ淵の滝（高島町）
日本の渚百選 琵琶湖湖岸なぎさ公園（大津市, 守山市, 高島町）
日本遺産・百選 古都京都の文化財 延暦寺（大津市）, 琵琶湖, 彦根城

滋賀県行政データ
県庁所在地 〒520-8577 大津市京町4-1-1 077-524-1121
 土木交通部都市計画課 077-528-4180
県東京事務所 〒102-0093 千代田区平河町2-6-3 都道府県会館8F 03-5212-9107
その他国内外事務所 名古屋, 大阪
長期総合計画 計画名『新・湖国ストーリー2010』 目標年次 2010年度
 基本テーマ ひと・くらし・自然～滋賀らしく
滋賀県広報紙（誌） 「ニュー滋賀」, 「くさぶえ」
滋賀県ホームページアドレス http://www.pref.shiga.jp/
滋賀県立図書館 〒520-2122 大津市瀬田南大萱町1740-1 077-548-9691
滋賀県立琵琶湖博物館 〒525-0001 草津市下物町 077-568-4811
参考資料 ●農林水産業に関連する文化的景観の保護に関する調査研究報告 文化庁文化財部記念物課

京都府 〈山城　丹波　丹後〉
Kyoto Prefecture

面積　4,613km²　人口　256万人（2003年9月現在）
府庁所在地　京都市（人口　147万人）
構成市町村数　44（1政令指定都市11市31町1村）
気象　年平均気温　　　16.0℃
　　　年快晴日数　23日　年間日照時間　1,867時間
　　　年降水日数　104日　年間降水量　1,559mm
土地利用　森林　74.4%, 農用地　7.4%
　　　　　宅地　5.1%, 水面・河川・水路　3.2%
　　　　　道路　3.0%

府名の由来：天子の宮殿のある場所を表す。

府の花：シダレザクラ
府の木：北山杉
府の鳥：オオミズナギドリ
府の草花：嵯峨ぎく　なでしこ

世界遺産：古都京都の文化財

府章
「京」の文字を中央に配し、古都の格調高い土地柄を表す六葉形に図案化。府民の連帯性と力の結合を表現。

天橋立（宮津市）

東寺（京都市）

シンボル
- 京都タワー
- 東寺五重塔

自然景観
山岳高原　丹波高原台地、夜久野高原、るり渓高原、大江山、嵐山、愛宕山、貴船山
峠　栗尾峠、裏白峠、清阪峠、堀越峠、深見峠、塩津峠、御経坂峠、与謝峠、登尾峠、河梨峠、天引峠、洞ヶ峠、途中峠、京見峠、老ノ坂峠、栗田峠、佐々里峠
河川　保津川、宇治川、鴨川、桂川、木津川、由良川、大堰川
湿地湿原　巨椋干拓
渓谷滝　保津峡、夢絃峡、るり渓、金引の滝、清滝、法金剛院青女滝
洞穴・鍾乳洞　質志鍾乳洞
海湾岬　天橋立（砂州）、琴引浜、経ヶ岬、成生岬、伊根湾舟屋群、若狭湾、舞鶴湾、宮津湾、久美浜湾、栗田湾、日本海
半島　丹後半島、栗田半島
名水　伏見の御香水、磯清水
温泉　木津温泉、湯の花温泉、丹後温泉、泊温泉、夕日ヶ浦温泉、久美の浜温泉、あやべ温泉など
動物　ヤマセミ、イノシシ、シカ、カモシカ、ツキノワグマ
植物　サクラ、ウメ、フジ、ツツジ、スイレン、ヤマブキ、アジサイ、サザンカ、カキツバタ、嵯峨ぎく、なでしこ

京都府景観形成マニュアル
平成3年度

京都府屋外広告物条例
京都府条例第30号
昭和28年4月1日

国立公園・国定公園

山陰海岸国立公園，若狭湾国定公園，琵琶湖国定公園

国指定の特別名勝・名勝

平等院庭園，大沢池附名古曽滝跡，天橋立，南禅院庭園，西芳寺庭園，天龍寺庭園，大徳寺方丈庭園，真珠庵庭園，大仙院書院庭園，孤篷庵庭園，龍安寺方丈庭園，御室（サクラ），鹿苑寺（金閣寺）庭園，慈照寺（銀閣寺）庭園，嵐山，醍醐寺三宝院庭園，高台寺庭園，妙心寺庭園，玉鳳院庭園，東海庵書院庭園，霊雲院庭園，退蔵院庭園，桂春院庭園，円山公園，笠置山，瑠璃渓，本願寺大書院庭園，渉成園，二条城二之丸庭園，雙ヶ岡，金地院庭園，成就院庭園，智積院庭園，醐恩寺庭園，南禅寺方丈庭園，清風荘庭園，無鄰菴庭園，円通寺庭園，曼殊院書院庭園，大仙院庭園，龍安寺庭園，不審菴（表千家）庭園，今日庵（裏千家）庭園，燕庵庭園，聚光院庭園，滴翠園，浄瑠璃寺庭園，照福寺庭園，法金剛院青女滝附五位山，旧円徳院庭園，平安神宮神苑，霊洞院庭園，本法寺庭園，對龍山荘庭園

農業景観

新井の千枚田（与謝郡伊根町）

森林景観

北山杉の林業景観（京都市・北桑田郡京北町）

伝統的産業や生活を示す文化財の周辺の景観

木津川の流れ橋（八幡市）

全国的な百選など

未来に残したい日本の自然百選　芦生の自然林，京都・北山杉
日本の白砂青松百選　天橋立（宮津市），浜詰海岸（久美浜町），掛津海岸（網野町）
農村景観百選　京都市（北嵯峨），亀岡市（千歳），丹後町（袖志）
日本の棚田百選　毛ヶ原（大江町），袖志（丹後町）
かおり風景百選　祇園界隈のおしろいとびん付け油のかおり（京都市），宇治平等院表参道茶のかおり（宇治市），伏見の酒蔵（京都市），東西両本願寺仏具店界隈（京都市）
歴史の道百選　宮津街道～普甲峠越，山陰道～細尾峠越
残したい日本の音風景百選　京の竹林，るり渓，琴引浜の鳴き砂
都市景観百選　京都市岡崎公園周辺地区，相楽郡木津町、精町 関西文化学術研究都市「精華・西木津」地区
21世紀に残したい日本の風景　舞鶴湾，天橋立，嵐山，鴨川，京都の町並み，清水寺，金閣寺舎利殿
日本の道百選　哲学の道（京都市），天橋立の道（宮津市）
日本の滝百選　金引の滝（宮津市）
日本の渚百選　天橋立（宮津市），伊根湾舟屋群（伊根町），琴引浜（網野町）
日本の灯台50選　経ヶ岬灯台
日本遺産・百選　古都京都の文化財（賀茂別雷神社，賀茂御祖神社，教王護国寺，清水寺，延暦寺，醍醐寺，仁和寺，平等院，宇治上神社，高山寺，西芳寺，天龍寺，鹿苑寺，慈照寺，龍安寺，本願寺，二条城），祇園祭・時代祭，天橋立

京都府行政データ

府庁所在地　〒602-8570　京都市上京区下立売通新町西入薮内町　☎075-451-8111
　土木建築部都市計画課　☎075-414-5327
府東京事務所　〒102-0093　千代田区平河町2-6-3　都道府県会館8F　☎03-5212-9109
その他国内外事務所　ハンブルグ，ニューヨーク
長期総合計画　計画名『新京都府総合計画』　目標年次 2010年
　　基本理念　むすびあい，ともにひらく新世紀京都
京都府広報紙（誌）　「府民だより」，明日の京都府政「ニュービジョン」，「府民グラフKyo」
京都府ホームページアドレス　おこしやす京都　http://www.pref.kyoto.jp/index.html
社団法人京都府観光連盟　〒600-8216　京都市下京区烏丸通塩小路下る京都駅ビル9階　☎075-371-2226
京都府立図書館　〒606-8343　京都市左京区岡崎成勝寺町9　☎075-771-0069
京都府立中京分館　〒604-0964　京都市中京区富小路通り二条上ル鍛冶屋町　☎075-211-5728
京都府立峰山地方分館　〒627-0012　中郡峰山町字杉谷1030　☎0772-62-5100
京都府立宮津地方分館　〒626-0041　宮津市鶴賀2164　☎0772-22-2730
参考資料
●京都府環境基本計画のあらまし　環境先進地をめざして
●都市景観形成に向けて
●京都における景観の諸特性に関する研究　平尾和洋著
●ふるさとの自然をみつめなおしてみませんか？－郷土景観資源の保全・利活用を求めて－
●京都の自然200選
●農林水産業に関連する文化的景観の保護に関する調査研究報告　文化庁文化財部記念物課

誇れる郷土ガイドー全国47都道府県の誇れる景観編ー　27大阪府　　　まいどおおきにOSAKA

大阪府 〈摂津　和泉　河内〉

Osaka Prefecture

面積　1,893km²
人口　864万人（2003年9月現在）
府庁所在地　大阪市（人口　260万人）
構成市町村数　44（1政令指定都市32市10町1村）
気象　年平均気温　　　16.8℃
　　　年快晴日数　29日　年間日照時間　2,089時間
　　　年降水日数　104日　年間降水量　1,338mm
土地利用　宅地　31.1％，森林　30.9％
　　　　　農用地　8.7％，道路　8.3％
　　　　　その他　15.7％

府名の由来：
傾斜した地形の形容や湿地を意味する語源から。

府の花：ウメ，サクラソウ
府の木：イチョウ
府の鳥：モズ

府章
太閤の「千成びょうたん」を図案化。大阪の「O」を，上に伸びる3つの円（希望・繁栄・調和）で表わす。

大阪城（大阪市）

大山古墳（堺市）

シンボル
- 淀川
- 大阪城
- 通天閣
- 御堂筋

自然景観
山岳　金剛山，生駒山，葛城山，妙見山，剣尾山
峠　暗峠，竹ノ内峠，水越峠，紀見峠，千早峠
高原　葛城高原
河川　淀川，寝屋川，大和川，石津川，石川，近木川
湖沼池　室池，狭山池，大ノ池，久米田池，稲倉池
渓谷滝　摂津峡，箕面の滝
海湾岬　大阪湾，瀬戸内海
温泉　天見温泉，汐の湯温泉，箕面温泉，長野温泉，奥水間温泉，犬鳴山温泉など
動物　シジュウカラ，ミヤマホオジロ，メジロ，ニホンザル，マヒワ
植物　桜，しゃくなげ，つつじ，しょうぶ，あじさい，もみじ，水仙，梅

大阪府景観条例
平成10年10月30日
大阪府条例第44号

目次
第1章　総則
第2章　景観形成基本方針
第3章　推進体制
第4章　景観形成地域における景観形成
第5章　公共事業に係る景観形成
第6章　雑則
第7章　罰則
附則

大阪美しい景観づくり推進会議

大阪府屋外広告物条例
昭和24年8月29日
大阪府条例第79号

シンクタンクせとうち総合研究機構　発行

国立公園・国定公園
明治の森箕面国定公園，金剛生駒国定公園

国指定の特別名勝・名勝
箕面山，南宗寺庭園，竜泉寺庭園，普門寺庭園，南宗寺庭園

農業景観
長谷の棚田（豊能郡能勢町），駒ヶ谷地区の葡萄畑（羽曳野市）

複合景観
二上山（南河内郡太子町）

大阪みどりの100選
大阪市 ❶大阪城公園，❷口縄坂，❸毛馬桜の宮公園と造幣局の通り抜け，❹城北公園と菖蒲園，❺住吉大社と太鼓橋，❻泉光院，❼鶴見緑地，❽長居公園，❾中之島公園，❿御堂筋のいちょう並木　**北大阪** ⓫千里の竹林，⓬東光院，⓭服部緑地，⓮五月山公園，⓯水月公園，⓰万博記念公園，⓱鵜殿のヨシ原，⓲摂津峡，⓳本山寺と神峰山の森，⓴西河原公園，㉑元茨木川緑地の桜，㉒竜王山と忍頂寺，㉓勝尾寺，㉔市道才ヶ原線の桜並木，㉕箕面公園，㉖弥栄の樟，㉗若山神社のシイ林，㉘初谷川付近，㉙能勢の妙見山，㉚野間の大ケヤキ，㉛佐太天神宮の森，㉜桃町緑道，㉝樟葉交野天神社の森，㉞久宝寺緑地，㉟玉串川の桜，㊱萱島駅の大楠，㊲幹線用水路の桜，㊳飯盛山と四条畷墓地，㊴野崎観音の緑，㊵高尾山山麓の森，㊶薫蓋樟，㊷砂子の桜，㊸生駒の山なみ，㊹鴻池会所跡，㊺なるかわ園地と芝生広場，㊻枚岡公園と梅林，㊼川中邸の屋敷林，㊽室池，㊾くろんど園地とすいれん池，㊿源氏の滝，51妙見の桜並木　**河内** 52錦織公園，53美具久留御魂神社，54天野山金剛寺，55岩湧寺の老杉，56延命寺の紅葉，57河合寺の桜，58観心寺，59滝畑ダムと四十八滝，60大塚山古墳，61農林技術センターのイチョウ並木，62壷井八幡宮の楠，63辛国神社参道，64道明寺天満宮の梅園，65狭山池，66狭山神社，67叡福寺，68小野妹子の墓，69二上山，70弘川寺，71金剛山，72千早城址，73舟渡池公園　**泉州** 74浅香山浄水場のつつじ，75大泉緑地，76大仙公園と仁徳天皇陵，77浜寺公園，78美多弥神社のシリブカガシの森，79和泉葛城山のブナ林，80意賀美神社と雨降の滝，81岸和田城，82泉穴師神社の森，83二色の浜の松林，84水間観音とその周辺，85槇尾山の渓谷，86犬鳴山の渓谷，87槇尾山と施福寺，88伽羅橋公園，89岡中の楠，90男神社の社叢，91金熊寺の梅林と信達神社，92堀河ダム，93永福寺のびゃくしん，94永楽ダムと桜の道，95金乗寺，96小島・長松の海岸，97淡輪・箱作海岸，98鳥取ダムと紀泉高原自然休養林

全国的な百選など
未来に残したい日本の自然百選　千里丘陵の竹林，淀川ワンド群
日本の白砂青松百選　二色の浜公園（貝塚市）
農村景観百選　能勢町（大里）
日本の棚田百選　下赤阪の棚田（千早赤阪村），長谷の棚田（能勢町）
かおり風景百選　法善寺の線香（大阪市），鶴橋駅周辺のにぎわい（大阪市），枚岡神社の社叢（東大阪市）
歴史の道百選　竹内街道
残したい日本の音風景百選　淀川河川敷のマツムシ（大阪市），常光寺境内の河内音頭（八尾市）
都市景観百選　大阪市御堂筋沿道地区，大阪市大阪城周辺地区
21世紀に残したい日本の風景　大阪城
日本の道百選　御堂筋（大阪市），フェニックス通り（堺市），市道6号線（寺内町）（富田林市）
日本の滝百選　箕面の滝（箕面市）
日本遺産・百選　千里，仁徳天皇陵（大山陵），道頓堀

大阪府行政データ
大阪府庁所在地　〒540-8570　大阪市中央区大手前2-1-22　☎06-6941-0351（代表）
　建築都市部建築指導課景観推進グループ　内線3028／4316
大阪府東京事務所　〒102-0093　千代田区平河町2-6-3　都道府県会館7F　☎03-5212-9118
長期総合計画　計画名『大阪の再生・元気倍増プラン～大阪21世紀の総合計画～』
　目標年次　2025年
大阪府広報紙（誌）　大阪探究誌オー・ツー，ふふふ大阪，OSAKA府政だより
大阪府ホームページアドレス　http://www.pref.osaka.jp
大阪府立中央図書館　〒577-0011　東大阪市荒本北57-3　☎06-6745-0170
大阪府立中之島図書館　〒530-0005　大阪市北区中之島1-2-10　☎06-6203-0474
参考資料　●大阪府景観形成基本方針　大阪府
　●大阪まちなみ賞作品集
　●農林水産業に関連する文化的景観の保護に関する調査研究報告　文化庁文化財部記念物課

兵庫県 〈摂津　丹波　播磨　但馬　淡路〉

Hyogo Prefecture
面積　8,390km²　人口　555万人（2003年9月現在）
県庁所在地　神戸市（人口　150万人）
構成市町村数　88（1政令指定都市21市66町）
気象　年平均気温　　　　16.2℃
　　　年快晴日数　29日　年間日照時間　2,067時間
　　　年降水日数　99日　年間降水量　1,342mm
土地利用　森林　67%，農地　10%
　　　　　その他　23%

県名の由来：
大化の改新の際に造られた武器を納める倉"兵庫"に由来。

県の花：ノジギク
県の木：クスノキ
県の鳥：コウノトリ

世界遺産：姫路城

県章
兵庫県の「兵」を南北に海を臨む兵庫県にふさわしく波形に図案化。力強く躍進する県の姿を表現する。

シンボル
- 甲子園球場
- 阪神タイガース

自然景観

山岳高原　中国山地，六甲山，氷ノ山，妙見山，雪彦山，後山，笠形山，玄武洞
峠　戸倉峠，蒲生峠，帆坂峠，船坂峠
高原　千種高原，峰山高原，砥峰高原，八チ北高原，兎和野高原
河川　加古川，市川，揖保川，千種川，円山川，武庫川，猪名川
湖沼池　太田池，多々良木ダム湖，銀山湖，東条湖，千丈寺湖
湿地湿原　瑞ヶ池
渓谷滝　蓬莱峡，日ヶ奥渓谷，赤西・音水渓谷，阿瀬渓谷，布引の滝，七種の滝，原不動滝，香良独鈷の滝
海湾岬　赤穂御崎，和田岬，余部崎，但馬海岸，竹野浜海岸，須磨海岸，舞子の浜，慶野松原海岸，五色浜，瀬戸内海，日本海，太平洋　**海峡**　明石海峡，友ヶ島水道，紀淡海峡
島　淡路島，家島，西島，男鹿島
名水　宮水，布引渓流，千種川
温泉　有馬温泉，湯村温泉，城崎温泉，宝塚温泉，洲本温泉，岩屋温泉，国領温泉など
動物　コウノトリ，オオサンショウウオ，イヌワシ，オジロワシ，アカウミガメ，クサガメ
植物　サクラ，レンゲツツジ，ザゼンソウ，ボタン，水仙，ノジギク，芝桜，花菖蒲，バラ

景観の形成等に関する条例
平成5年10月1日施行

景観形成審議会

姫路城（姫路市）

神戸市上空（神戸市）

みてご〜らうんど。兵庫県　　　　28兵庫県　誇れる郷土ガイドー全国47都道府県の誇れる景観編ー

国立公園・国定公園
瀬戸内海国立公園，山陰海岸国立公園，氷ノ山後山那岐山国定公園

国指定の特別名勝・名勝
慶野松原，香住海岸，安養院庭園，但島御火浦，田淵氏庭園，旧大岡寺庭園，旧赤穂城庭園 本丸庭園 二之丸庭園

農業景観
岩座神の棚田（加美町），乙大木谷の棚田（佐用町），和佐父西ヶ岡の棚田（村岡町），母子の茶畑（三田市）

漁業景観
成ケ島と由良湾（洲本市）

水路景観
稲美町のため池群（加古郡稲美町）

伝統的産業や生活を示す文化財の周辺の景観
蓼川井堰（城崎郡日高町）

複合景観
円山川

景観形成地区・風景形成地区
（姫路市大手前通り地区　＊姫路市指定へ移行），出石町城下町地区，社町メモリアルガーデン周辺地区，龍野市龍野地区，（川西市駅前地区），洲本市古茂江海岸地区，城崎町城崎温泉地区，篠山町城下町地区，御津町室津地区，デカンショ街道地域，円山川下流地域，篠山町城下町地区，生野町口銀谷地区，和田山町竹田地区，加美町岩座神地区，西播磨海岸地域，大屋町大杉地区
※景観形成地区13地区（そのうち2地区は市に移行）　風景形成地域3地域

全国的な百選など
未来に残したい日本の自然百選　再度山，氷ノ山
日本の白砂青松百選　須磨海浜公園・須磨浦公園（神戸市須磨区若宮町ほか），県立高砂海浜公園（高砂市），浜坂県民サンビーチ（浜坂町），慶野松原（西淡町），大浜公園（洲本市），吹上の浜（南淡町）
日本の棚田百選　岩座神（加美町），乙大木谷（佐用町），うへ山（美方町），西ヶ岡（村岡町）
かおり風景百選　一宮町の線香づくり（一宮町），灘五郷の酒づくり（神戸市，西宮市），山崎大歳神社の千年藤（山崎町）
歴史の道百選　山陰道〜蒲生峠越（温泉町〜鳥取県岩美町）
残したい日本の音風景百選　垂水漁港のイカナゴ漁（神戸市），灘のけんか祭りのだんじり太鼓（姫路市）
都市景観百選　姫路市姫路城周辺地区，神戸市旧居留地地区，神戸市神戸ハーバーランド地区，県西宮市創造の丘ナシオン地区，赤穂市坂越地区
21世紀に残したい日本の風景　神戸の夜景，明石海峡大橋，姫路城
日本の道百選　大手前通り（姫路市），橘通り（尼崎市），大鳴門橋（西淡町）
水源の森百選　音水水源の森（波賀町）
水の郷百選　豊岡市，赤穂郡上郡町，宍粟郡千種町
日本の滝百選　原不動滝（波賀町），猿尾滝（村岡町），天滝（大屋町），布引の滝（神戸市）
日本の渚百選　慶野松原海岸（西淡町），竹野浜海岸（竹野町），須磨海岸（神戸市）
日本遺産・百選　姫路城，神戸，瀬戸内海

兵庫県行政データ
県庁所在地　〒650-8567　神戸市中央区下山手通5-10-1　☎078-341-7711
　県土整備部まちづくり局都市計画課都市景観係　☎078-362-9299
産業労働部商工労働局観光交流課　〒650-8567　神戸市中央区下山手通5-10-1（1号館7階）　☎078-362-3340
県東京事務所　〒102-0093　千代田区平河町2-6-3　都道府県会館13F　☎03-5212-9040
その他国内外事務所　香港，クリチーバ，パース，パリ，ワシントン
長期総合計画　計画名　『21世紀兵庫長期ビジョンー美しい兵庫21ー』　目標年次 2015年
　　基本理念　自律・共生，安全・安心
兵庫県広報紙（誌）　県民だよりひょうご，ニューひょうご，ひょうごeye-あなたの県政
兵庫県ホームページアドレス　http://web.pref.hyogo.jp/
兵庫県立図書館　〒673-0847　明石市明石公園1-27　☎078-918-3366
参考資料　●ひょうごの地形・地質・自然景観：失われつつある貴重な自然：神戸新聞総合出版センター
　　●農林水産業に関連する文化的景観の保護に関する調査研究報告　文化庁文化財部記念物課

シンクタンクせとうち総合研究機構　発行

奈良県〈大　和〉
Nara Prefecture

面積　3,691㎢　人口　145万人（2003年9月現在）
県庁所在地　奈良市（人口　36.6万人）
構成市町村数　47（10市20町17村）
気象　　年平均気温　　　14.9℃
　　　　年快晴日数　37日　年間日照時間　1,919時間
　　　　年降水日数　114日　年間降水量　1,173㎜
土地利用　森林　77.1%、農地　6.5%
　　　　　宅地　4.3%、道路　2.6%
　　　　　水面・河川・水路　2.2%、その他　7.3%

県名の由来：
なだらかで平らな土地のこと。

県の花：奈良の八重桜
県の木：スギ
県の鳥：コマドリ

世界遺産：
法隆寺地域の仏教建造物
古都奈良の文化財

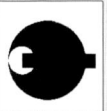

県章

奈良県の「ナ」を図案化。外円は大和の自然、内円は協和の精神を、横一文字は県政の統一と進展を表している。

興福寺（奈良市）
五重塔

吉野山（吉野町）

シンボル
- 奈良公園
- 五重塔（興福寺）

自然景観
山岳高原　紀伊山地, 生駒山地, 金剛山地, 竜門山地, 宇陀山地, 大和高原, 吉野山, 畝傍山, 天香久山, 耳成山, 生駒山, 大峰山, 若草山, 信貴山, 高見山, 八剣山, 釈迦ヶ岳, 大台ヶ原山, 笠捨山, 伯母子岳, 牛廻山

峠　暗峠, 竹ノ内峠, 水越峠, 高見峠, 千早峠

河川　吉野川, 紀ノ川, 天ノ川, 北山川, 名張川, 丹生川, 大和川, 宇陀川, 十津川, 飛鳥川

湖沼池　猿沢池, 風屋ダム湖, 猿谷ダム湖, 津風呂湖

渓谷滝　瀞八丁, 月ヶ瀬梅渓, 宮の滝

洞穴・鍾乳洞　面不動鍾乳洞, 五代松鍾乳洞, トウロウの窟

温泉　十津川温泉, 吉野温泉, 三笠温泉, 入之波温泉, 西吉野温泉など

名水　洞川湧水群

動物　ニホンジカ, ニホンリス, ムササビ

植物　吉野の桜, 花しょうぶ, あじさい, 萩, コスモス, もみじ, 寒牡丹

奈良県都市景観形成ガイドプラン
平成2年3月

奈良県自然環境保全条例

奈良県都市景観形成推進連絡会議

奈良県屋外広告物条例
昭和35年4月1日
奈良県条例第17号

29 奈良県　誇れる郷土ガイド－全国47都道府県の誇れる景観編－

国立公園・国定公園
吉野熊野国立公園, 金剛生駒紀泉国定公園, 高野龍神国定公園, 室生赤目青山国定公園, 大和青垣国定公園

国指定の特別名勝・名勝
平城京, 吉野山, 月瀬梅林, 奈良公園, 当麻寺中之坊庭園, 慈光院庭園, 旧大乗院庭園, 円成寺庭園, 依水園, 平城京左京三条二坊宮跡庭園, 法華寺庭園

農業景観
神奈備の郷（高市郡明日香村）, 桜井市の条里水田（桜井市）, 大和の条理景観（大和郡山市横田町ほか）

森林景観
吉野杉の林業景観（吉野郡川上村）, 下多古の森（吉野郡川上村）

集落関連景観
高山の寒干し（生駒市）, 深野神明神社の鎮守の森と集落（室生村）, 国栖の里（吉野町）

古来より信仰や行楽の対象となってきた景観
神野山（山添村）

複合景観
二上山（北葛飾郡當麻町）

伝統的建造物群保存地区
橿原市今井町（伝統的建造物群保存地区・寺内町・在郷町）

全国的な百選など
未来に残したい日本の自然百選　大和三山, 玉置山
さくら名所百選　奈良公園（奈良市）, 吉野山（吉野町）, 郡山城址公園（大和郡山市）
農村景観百選　明日香村（稲渕）
日本の棚田百選　神奈備の郷・稲渕（明日香村）
かおり風景百選　ならの墨づくり（奈良市）, なら燈花会のろうそく（奈良市）
歴史の道百選　柳生街道
残したい日本の音風景百選　春日野の鹿と諸寺の鐘（奈良市）
都市景観百選　奈良市奈良公園地区, 橿原市今井地区, 奈良市奈良町地区
21世紀に残したい日本の風景　室生寺, 東大寺
日本の道百選　暗越奈良街道（奈良市ほか）, 畝傍山山麓の道（橿原市）
水源の森百選　鶴ヶ池の森（室生村）
水の郷百選　天川村
日本の滝百選　双門の滝（天川村）, 不動七重滝（下北山村）, 笹の滝（十津川村）, 中の滝（上北山村）
日本遺産・百選　法隆寺地域の仏教建造物, 古都奈良の文化財（東大寺, 興福寺, 春日大社, 春日山原始林, 元興寺, 薬師寺, 唐招提寺, 平城宮跡）, キトラ古墳, 大峯山

奈良県行政データ
県庁所在地　〒630-8501　奈良市登大路町30番地　☎0742-22-1101
県東京事務所　〒102-0093　千代田区平河町2-6-3　都道府県会館9F　☎03-5212-9096
長期総合計画　計画名　『奈良県新総合計画』－遊のある奈良県づくり－　目標年次　2005年
　　　　　　　基本理念　「心の豊かさ」「多様な選択」「ふれあい」
　　　　　　　基本目標　世界に光る奈良県づくり
奈良県広報紙（誌）　「県政だより奈良」,「フォト・なら」
奈良県ホームページアドレス　http://www.pref.nara.jp/
奈良県立奈良図書館　〒630-8213　奈良市登大路町　☎0742-27-0801
奈良県立橿原図書館　〒634-0065　橿原市畝傍町50　☎07442-4-1104
奈良国立博物館　〒630-8213　奈良市登大路50　☎0742-22-7771
参考資料　● 古都・奈良の景観：魅力ある町づくりのために　古都・奈良の景観保全を考える会編　都市文化社
　　　　　● 農林水産業に関連する文化的景観の保護に関する調査研究報告　文化庁文化財部記念物課

シンクタンクせとうち総合研究機構　発行

誇れる郷土ガイド－全国47都道府県の誇れる景観編－　30和歌山県　　感動わかやま21

和歌山県〈紀伊〉

Wakayama Prefecture
面積 4,725km²　**人口** 108万人（2003年9月現在）
県庁所在地　和歌山市（人口39.3万人）
構成市町村数　50（7市36町7村）
気象　年平均気温　　17.0℃
　　　年快晴日数　44日　年間日照時間　2,195時間
　　　年降水日数　104日　年間降水量　1,290mm
土地利用　山林　60.0%、畑　6.2%
　　　　田　5.2%、宅地　4.1%
　　　　雑種地　1.6%、原野　0.4%、池沼　0.1%

県名の由来：
若山、崖の転化など諸説。

県の花：ウメ
県の木：ウバメガシ
県の鳥：メジロ

県章
和歌山県の「ワ」を図案化。末広がりの形は、明日に向って発展する紀州を表現し、県民の和を象徴する。

シンボル
● 和歌山城

和歌山城（和歌山市）

熊野那智大社（那智勝浦町）

自然景観

山岳高原　護摩壇山、高野山、鉾尖岳、城ヶ森山、大峠山、牛廻山、大塔山、那智山、法師山、生石高原
峠　逢坂峠、紀見峠
河川　熊野川（新宮川）、紀ノ川、十津川、日高川、有田川、日置川、北山川、会津川
湖沼池　平池、亀池、岩倉池、桜池
渓谷滝　瀞八丁、那智の滝、かやの滝、百間山渓谷、奇絶峡、古座川峡
海湾岬　潮岬、日ノ御崎、市江崎、田倉崎、樫野崎、梶取崎、田辺湾、和歌浦、煙樹ヶ浜、白良浜、白崎海岸、荒船海岸、紀伊水道、瀬戸内海、太平洋
海峡　紀淡海峡
半島　紀伊半島
島　中ノ島、大島、友ヶ島、円月島
温泉　白浜温泉、龍神温泉、川湯温泉、勝浦温泉、しみず温泉など
名水　野中の清水、紀三井寺の三井水
動物　オオウナギ、ニホンカモシカ、紀州犬、ムササビ、カケス、ウミネコ、クジラ、アカウミガメ
植物　那智原始林、熊野速玉大社のナギ、梅、桜、藤、菖蒲、かきつばた、蜜柑、紫陽花、向日葵、萩、コスモス、寒椿

輝のくに景観づくりガイドライン
平成13年3月

輝のくに景観づくり懇談会

和歌山県屋外広告物条例
昭和59年
和歌山県条例第10号

シンクタンクせとうち総合研究機構　発行

30 和歌山県　誇れる郷土ガイド－全国47都道府県の誇れる景観編－

国立公園・国定公園
吉野熊野国立公園，瀬戸内海国立公園，高野龍神国定公園

国指定の特別名勝・名勝
和歌山城西之丸庭園（紅葉渓庭園），那智大滝，根来寺庭園，粉河寺庭園，天徳院庭園，養翠園

農業景観
蘭島（有田郡清水町），湯浅町の果樹園の段々畑（有田郡湯浅町），三尾川の棚田（美里町），南部の梅林（南部町）

森林景観
煙樹ヶ浜（美浜町），発心門の杉林（本宮町）

和歌山の朝日・夕日100選
❶加太，❷和歌の浦（雑賀崎・田の浦周辺），❸和歌の浦（片男波周辺），❹和歌山マリーナシティ周辺，❺和歌山城，❻森林公園雨の森，❼黒沢山，❽御所の芝（熊野古道），❾大崎，❿生石高原，⓫みさと天文台，⓬百合山，⓭ハイランドパーク粉河，⓮葛城山キャンプ場，⓯青洲の里，⓰雨晴観光農園，⓱桃源郷，⓲平池野鳥観察公園，⓳根来寺，⓴高山森林公園，㉑かむろ大師，㉒紀ノ川（船岡山）周辺，㉓四郷（串柿の里），㉔嵯峨谷野外活動センター，㉕高野町石道周辺，㉖大門（高野山），㉗弁天岳，㉘奥の院（高野山），㉙花園村生産物直売所，㉚恐竜ランド周辺，㉛有田川河口，㉜矢櫃海岸，㉝栖原海岸，㉞広川河口，㉟西広海岸，㊱鷲ヶ峰コスモスパーク，㊲あらぎ島，㊳日高川河口，㊴御坊総合運動公園，㊵煙樹海岸，㊶日ノ岬，㊷産湯海岸，㊸西山緑地公園，㊹戸津井漁港，㊺白崎海洋公園，㊻道成寺，㊼かわべ天文公園，㊽あやめ橋周辺，㊾椿山ダム（初湯川大橋）周辺，㊿護摩壇山周辺，㉑護摩壇山森林公園ワイルドライフ，㉒虎ヶ峰山頂付近，㉓南部梅林，㉔千里の浜（熊野古道），㉕堺，㉖風早海岸，㉗鳴ヶ岬，㉘扇ヶ浜，㉙鳥ノ巣海岸，㉚動鳴気渓ひき岩群，㉛白浜町臨海，㉜白良浜，㉝千畳敷・三段壁，㉞平草原，㉟白浜町椿，㊱高原霧の里（熊野古道），㊲野中（熊野古道），㊳法師山（百間山渓谷）周辺，㊴稲葉根王子水垢離場（熊野古道），㊵志原海岸，㊶すさみ海岸，㊷見老津（恋人岬）周辺，㊸日本童謡の園公園，㊹串本海中公園周辺，㊺潮岬，㊻大島，㊼橋杭岩，㊽王子ヶ浜（熊野古道），㊾鶴島神社，㊿雲取温泉，㉑森浦湾，㉒紀の松島，㉓那智の浜，㉔那智山見晴台，㉕那智海岸，㉖太地町ふるさと歩道園，㉗燈明崎，㉘梶取崎，㉙西向，㉚田原，㉛荒船海岸，㉜古座川（月野瀬）周辺，㉝一枚岩，㉞桜茶屋跡（熊野古道），㉟ちょっとよりみち展望台（熊野古道），㊱七越峰（熊野古道），㊲百間蔵（熊野古道），⓴おくとろ公園

全国的な百選など

未来に残したい日本の自然百選　串本・大島の海金剛，天神崎
日本の白砂青松百選　煙樹海岸（美浜町）
農村景観百選　桃山町（元），かつらぎ町（四郷），清水町（西原）
日本の棚田百選　あらぎ島（清水町）
かおり風景百選　高野山奥之院の杉と線香（高野町），桃源郷一目十万本の桃の花（桃山町）
歴史の道百選　高野山参詣道～町石道
残したい日本の音風景百選　不動山の巨石で聞こえる紀ノ川，那智の滝
21世紀に残したい日本の風景　－
日本の道百選　高野山道路（高野町ほか），町道大門坂線（那智勝浦町）
日本の滝百選　那智の滝（那智勝浦町），桑ノ木の滝（新宮市），八草の滝（日置川町）
日本の渚百選　白崎海岸（由良町），白良浜（白浜町）
日本の灯台50選　潮岬灯台
日本遺産・百選　紀伊山地の霊場と参詣道

和歌山県行政データ

県庁所在地　〒640-8585　和歌山市小松原通1-1　☎073-432-4111
　県土整備部都市住宅局都市政策課　☎073-441-3228
県東京事務所　〒102-0093　千代田区平河町2-6-3　都道府県会館12F　☎03-5212-9057
その他国内外事務所　大阪，香港
長期総合計画　計画名『和歌山県長期総合計画』　目標年次 2010年
　基本理念（目標）　ゆとりと充実　輝く和歌山新時代
和歌山県広報紙（誌）　「県民の友」，「CaN」
和歌山県ホームページアドレス　http://www.wakayama.go.jp/
和歌山県立図書館　〒641-0051　和歌山市西高松1-7-38　☎0734-36-9500
和歌山県立紀南分館　〒646-0031　田辺湊1764　☎0739-22-2061
参考資料　●－みんなで考え　みんなで取り組む－　輝くのくに景観づくりガイドライン　和歌山県
　●和歌山県の都市計画
　●農林水産業に関連する文化的景観の保護に関する調査研究報告　文化庁文化財部記念物課

シンクタンクせとうち総合研究機構　発行

鳥取県 〈因幡　伯耆〉

Tottori Prefecture
面積　3,507km²　人口　62万人（2003年9月現在）
県庁所在地　鳥取市（人口　15.1万人）
構成市町村数　39（4市31町4村）
気象　年平均気温　15.1℃
　　　年快晴日数　17日　年間日照時間　1,667時間
　　　年降水日数　158日　年間降水量　2,075mm
土地利用　―

県名の由来：
鳥を捕える役目を持っていた鳥取部に由来する。

県の花：20世紀梨の花
県の木：大山キャラボク
県の鳥：オシドリ

県章
鳥取県の「と」と「鳥」をデザインしたもので、自由と平和。県の明日への発展を象徴する。

シンボル
- 鳥取砂丘
- 大山
- 二十世紀梨

自然景観

山岳高原　大山、氷ノ山、那岐山、三国山、高鉢山、蒜山、船通山、三徳山、船上山、大倉山、三室山、久松山、桝水高原　**峠**　人形峠、鍵掛峠、四十曲峠、大挟峠、明地峠、辰巳峠、物見峠、志戸坂峠、戸倉峠
砂丘　鳥取砂丘
河川　日野川、天神川、千代川、斐伊川
湖沼池　中海、東郷池、湖山池、緑水湖、鏡ヶ成湿原
湿地湿原　中海、鏡ヶ成湿原、岩美地先沿岸、唐川湿原、菅野湿原、多稔ヶ池、神戸ノ上湿地
渓谷滝　三滝渓、芦津渓、石霞渓、雨滝、諸ған川渓谷、大山滝
海湾岬　長尾鼻、弓ヶ浜海岸、浦富海岸、白兎海岸、美保湾、日本海
半島　島根半島、弓ヶ浜半島
温泉　岩井温泉、鳥取温泉、吉岡温泉、浜村温泉、鹿野温泉、東郷温泉、三朝温泉、はわい温泉、関金温泉、皆生温泉、日乃丸温泉、元湯温泉、木屋温泉、宝露温泉、砂丘温泉、船岡美人温泉、湯谷温泉、若桜ゆはら温泉、大栄温泉、菩薩の湯、みなと温泉、大山温泉、日吉津温泉、淀江ゆめ温泉、大山伽羅温泉、中山温泉太古の湯・ラビスパ
動物　イワツバメ、ヒガラ、コガラ、キツツキ、ミソサザイ、アマツバメ、オオサンショウウオ
植物　サクラ、カキツバタ、コバノミツバツツジ、ダイセンキャラボク純林

鳥取砂丘（鳥取市）

浦富海岸（岩美町）

鳥取県景観形成条例
平成5年3月26日　鳥取県条例第3号

鳥取県景観審議会

鳥取県屋外広告物条例
昭和37年7月18日
条例第31号

31鳥取県　誇れる郷土ガイド－全国47都道府県の誇れる景観編－

国立公園・国定公園
大山隠岐国立公園，山陰海岸国立公園，氷ノ山後山那岐山国定公園，比婆道後帝釈国定公園

国指定の特別名勝・名勝
三徳山，浦富海岸，小鹿渓，観音院庭園，尾崎氏庭園，深田氏庭園

複合景観
智頭の杉林（ダドコ美林，大屋の森林，沖の山の植林地）

伝えたいふるさと鳥取の景観
鳥取砂丘，白兎海岸，因幡三山（今木山，瓶山，面影山）と田園風景，安長の土手林，樗谷公園とホタル，鳥取城址と久松公園，鳥取高農校舎，賀露港，湖山池とそれを取り囲む山並み，湖山池石釜漁，雨滝渓谷，美歎水源地，岡益石堂とその周辺の古墳群，宇倍神社の麒麟獅子舞，カキツバタ群生，岩井温泉街，旧岩井小学校，山陰浦富海岸，白い浜昼顔群生，因幡の菖蒲綱引き，因幡の傘踊り，らっきょう畑，花御所柿の畑，船岡町都家の町並み，下船岡神社神幸祭，霊石山と千代川清流，登り窯，扇ノ山，つく米の棚田と氷ノ山の山並み，若桜町カリヤ通り・蔵通りの町並み，氷ノ山の山焼き，不動院岩屋堂，用瀬の流しびな，佐治アストロパークから見る星空，千代川源流となる杉山，芦津の三滝，智頭宿の町並み，新田の石積み畦畔，板井原集落，魚見台から見る海岸線，酒津のとんど，菱峰山とその周辺，城下町鹿野の町並み，鹿野城跡，鷲峰山から望む大山，関金町から望む大山，大山の近代建築物群，弓ヶ浜半島の景観，打吹山と打吹公園，国分寺跡とその周辺，橋津藩倉，潮風の丘とまりと泊の漁村風景，東郷湖，伯耆一ノ宮，倭文神社と古木，梨畑，小鹿渓，かじか鳴く三朝温泉街，国宝投入堂と史跡三徳山，小泉のわさび田，北条砂丘と海岸沿いの松並木，由良のだんじり，伯耆の大シイ，大山滝，屋敷林の残る農村風景，斎尾廃寺跡，船上山，赤碕菊港，粟島神社比翼塚，旧加茂川・寺町周辺，米子水鳥公園，米子城跡，米子の近代建築物群，弓ヶ浜半島の景観，打吹山と打吹公園，水木しげるロード，境大橋夜景と境水道，境港の水揚げ風景，港まつり風景，法勝寺川と法勝寺公園，花回廊と大山，植田正治写真美術館，ペンション村，チューリップ畑，妻木晩田遺跡の風景，淀江海岸の傘干し風景，大野池，門脇家を中心とした周辺の街並み，大山の山岳信仰，大山遠景（大山南壁，大山北壁，溝口町から望む大山，弓ヶ浜から望む大山，馬ノ山古墳から望む大山，関金町から望む大山，大山を構成する景観，大山放牧場とみるくの里，香取地区の風景，ブナ林・キャラボク純林，鍵掛峠），大山山頂から見た弓ヶ浜，中海，大山夏山開き神事・前夜祭たいまつ行列，赤松荒神祭の大蛇行列，日本海の漁火（一息坂峠より），花見山スキー場の花畑，滝山公園のつつじ，根雨の古い町並み，オシドリの群れ，七色がしとかまこしき渓谷，下蚊屋集落，チロル風建築「俣野小学校」，江尾十七夜こだいち踊りと火文字，たこ舞式神事

全国的な百選など
未来に残したい日本の自然百選　久松山，諸鹿川渓谷
日本の白砂青松百選　浦富海岸（岩美町），弓ヶ浜（米子市・境港市ほか）
農村景観百選　東郷町（東郷池），岸本町（大原千町），淀川町（高井谷）
日本の棚田百選　横尾（米子市），ツクヨネ（若桜町）
かおり風景百選　酒と醤油のかおる倉吉白壁土蔵群（倉吉市）
歴史の道百選　山陰道～蒲生峠越，大山道，智頭往来～志戸坂峠越
残したい日本の音風景百選　水鳥公園の渡り鳥（米子市），三徳川のせせらぎとカジカガエル（三朝町），因州和紙の紙すき（青谷町，佐治村）
都市景観百選　鳥取市鳥取新都市若葉台地区，米子市皆生温泉周辺地区
21世紀に残したい日本の風景　大山，鳥取砂丘
日本の道百選　若桜街道・本通り（鳥取市），大山道路（大山町）
日本の滝百選　大山滝（東伯町），雨滝（国府町）
日本の渚百選　浦富海岸（岩美町），鳥取砂丘，白兎海岸（鳥取市），弓が浜海岸（境港市，米子市）
日本遺産・百選　鳥取砂丘

鳥取県行政データ
県庁所在地　〒680-8570　鳥取市東町1-220　☎0857-26-7111
　企画部文化観光局景観自然課　☎0857-26-7204
県東京事務所　〒102-0093　千代田区平河町2-6-3　都道府県会館10F　☎03-5212-9077
その他国内外事務所　大阪，北九州
長期総合計画　計画名『鳥取県21世紀ビジョンーつくろう鳥取新風土記ー』
鳥取県広報紙（誌）　鳥取NOW
鳥取県ホームページアドレス　http://www1.pref.tottori.jp/
鳥取県立図書館　〒680-0017　鳥取市尚徳町101　☎0857-26-8155
参考資料　●伝えたいふるさと鳥取の景観　心の原風景
　●鳥取県景観大賞受賞作品集
　●ふるさと鳥取の美しい景観を創るために　大規模行為景観形成の手引き
　●みんなの力できれいな鳥取
　●鳥取県土地利用基本計画書
　●農林水産業に関連する文化的景観の保護に関する調査研究報告　文化庁文化財部記念物課

シンクタンクせとうち総合研究機構　発行

島根県 〈出雲　石見　隠岐〉

Shimane Prefecture
- 面積　6,707km²
- 人口　76万人（2003年9月現在）
- 県庁所在地　松江市（人口　15.2万人）
- 構成市町村数　59（8市41町10村）
- 気象　年平均気温　15.0℃
  - 年快晴日数　28日　年間日照時間　1,768時間
  - 年降水日数　146日　年間降水量　2,188㎜
- 土地利用　森林　77.6%、その他　22.4%

県名の由来：島または島国の意味で、根は島に付く接尾語。古くは「出雲国風土記」に島根郡という地名が出てくる。

- 県の花：ボタン
- 県の木：クロマツ
- 県の鳥：オオハクチョウ
- 県の魚：トビウオ
- 島根県民の歌：薄紫の山脈

県章
「マ」を4つ組合せ、島根県の「シマ」を表わす。中心から4つの円形が伸びるのは、団結、調和、発展を象徴する。

出雲大社（大社町）

石見銀山遺跡（大田市）

シンボル
- 出雲大社
- 石見神楽
- 宍道湖
- 松江城

自然景観
山岳高原　三瓶山、冠山、阿佐山、烏帽子山、鯛ノ巣山、琴引山、安蔵寺山、恐羅漢山、燕岳、三瓶高原
峠　赤名峠、野坂峠、三坂峠
河川　江の川、斐伊川、飯梨川、高津川、神戸川
湖沼池　中海・宍道湖
湿地湿原　宍道湖、中海、赤名湿原、隠岐島（島後）の渓流域、隠岐島周辺沿岸、十六島周辺沿岸、地倉沼
渓谷滝　匹見峡、立久恵峡、壇鏡の滝、鬼の舌震、龍頭ヶ滝
海湾岬　那久岬、日御碕、多古鼻、地蔵崎、屋那の松原、稲佐の浜、琴ヶ浜、浄土ヶ浦、畳ヶ浦、白島海岸、国賀海岸、日本海
半島　島根半島
灯台　日御碕灯台、美保関灯台
島　隠岐諸島（島後、島前（西ノ島、中ノ島、知夫里島））、大根島、竹島
温泉　湯ノ川温泉、玉造温泉、温泉津温泉、有福温泉、匹見峡温泉、松江しんじ湖温泉、いわみ温泉
動物　ウミネコ、イソヒヨドリ、クロサギ、ゲンジボタル
植物　ツバキ、桜、チューリップ、ツツジ、シャクナゲ、ボタン、築地松、水仙、カタクリ、カキツバタ、ススキ

ふるさと島根の景観づくり条例
島根県条例第34号
平成3年12月

島根県景観審議会

島根県屋外広告物条例
昭和49年3月26日
条例第21号

シマネスク・島根　　　　　　　　　32島根県　誇れる郷土ガイド－全国47都道府県の誇れる景観編－

国立公園・国定公園
大山隠岐国立公園，比婆道後帝釈国定公園，西中国山地国定公園

国指定の特別名勝・名勝
鬼舌振，万福寺庭園，立久恵，潜戸，菅田庵，医光寺庭園，千丈渓，美保の北浦，断魚渓，隠岐知夫赤壁，隠岐布施海岸，隠岐国賀海岸，隠岐白島海岸，隠岐海苔田ノ鼻

農業景観
都川の棚田（那賀郡旭町），中垣内の棚田（益田市），神谷集落の棚田（羽須美村），出羽盆地の河岸段丘（瑞穂町），大原新田（横田町），室谷の棚田（三隅町），旭豊梨の里（旭町）

水路景観
神西湖のシジミ漁など漁撈風景（簸川郡湖陵町）

集落関連景観
小伊津の漁村集落（平田市），戸田柿本神社周辺の農村（益田市），青石畳通り（美保関町）

伝統的産業や生活を示す文化財の周辺の景観
三刀屋町の潜水橋（三刀屋町）

複合景観
出雲平野の築地松の散村集落，隠岐，江の川，宍道湖

伝統的建造物群保存地区
大田市大森銀山（伝統的建造物群保存地区・鉱山町）

全国的な百選など
未来に残したい日本の自然百選　宍道湖，日御碕
日本の白砂青松百選　島根半島海中公園（大社町），浜田海岸（浜田市），屋那の松原（都万村），春日の松群（布施村布施ほか）
農村景観百選　井斐川町（黒目）
日本の棚田百選　中垣内（益田市），山王寺（大東町），大原新田（横田町），神谷（羽須美村），都川（旭町），室谷（三隅町），大井谷（柿木村）
かおり風景百選　石見畳ヶ浦磯のかおり（浜田市）
歴史の道百選　石見銀山街道，広瀬・清水街道
残したい日本の音風景百選　琴ヶ浜海岸の鳴き砂（仁摩町）
都市景観百選　松江市松江城周辺地区，津和野町津和野町後田地区
21世紀に残したい日本の風景　出雲大社，宍道湖
日本の道百選　塩見縄手（松江市），みゆきの道（出雲市）
日本の滝百選　壇鏡の滝（都万村），掛頭八重滝（掛合町）
日本の渚百選　稲佐の浜（大社町），琴ヶ浜（仁摩町）
日本の灯台50選　出雲日御碕灯台，美保関灯台
日本遺産・百選　出雲大社，石見銀山遺跡

島根県行政データ
県庁所在地　〒690-8501　島根県松江市殿町1番地　☎0852-22-5111
　土木部都市計画課　☎0852-22-5210
県東京事務所　〒102-0093　千代田区平河町2-6-3　都道府県会館11F　☎03-5212-9070
その他国内外事務所　大阪，広島，九州
長期総合計画　計画名　『島根県長期計画』　目標年次　2010年度
　　　　　　　　基本理念　定住条件の確立，存在意義の構築　　基本目標　住みよい島根，住みたい島根
島根県広報紙（誌）　「シマネスク・島根」，「シマネスブック・スピリッツ」
島根県ホームページアドレス　http://www.pref.shimane.jp
しまね観光ナビ　http://www.kankou.pref.shimane.jp/
社団法人島根県観光連盟　島根県松江市殿町1番地　県庁観光振興課内　☎0852-21-3969
島根県立図書館　〒690-0873　松江市中原町52番地　☎0852-22-5725
参考資料　●しまね環境デザインシンポジウム　島根県環境生活部景観自然課
　　　　　　●しまね景観フォーラムin隠岐　島根県環境生活部自然課
　　　　　　●つくろう・伝えよう・美しいわがまち：しまね景観フォーラム in 奥出雲　島根県
　　　　　　●景観づくり事業関係条例規集　島根県企画振興部国土地資源対策課
　　　　　　●農林水産業に関連する文化的景観の保護に関する調査研究報告　文化庁文化財部記念物課

シンクタンクせとうち総合研究機構　発行

岡山県 〈備前　備中　美作〉
Okayama Prefecture

面積　7,111km²　人口　196万人（2003年9月現在）
県庁所在地　岡山市（人口　62.5万人）
構成市町村数　78（10市56町12村）
気象　年平均気温　16.1℃
　　　年快晴日数　47日　年間日照時間　2,156時間
　　　年降水日数　85日　年間降水量　1,048mm
土地利用　―

県名の由来：
岡山城にあった岡山明神に由来する。

県の花：モモの花
県の木：アカマツ
県の鳥：キジ

県章
岡山県の「岡」の文字を円形にデザインし、県民の団結と将来の飛躍発展を力強く表現する。

シンボル
- 後楽園
- 岡山城
- 桃太郎

自然景観

山岳高原　蒜山高原、大神宮原高原、恩原高原、日本原高原、鷲羽山、津黒山、後山、那岐山、星山、臥牛山
峠　人形峠、四十曲峠、大挟峠、明地峠、辰巳峠、物見峠、志戸坂峠、帆坂峠、船坂峠、谷田峠、田代峠
河川　吉井川、高梁川、旭川、小田川、宇甘川、百間川
湖沼池　児島湖
湿地湿原　錦海塩田跡、児島湖・阿部池、岡山平野のスイゲンゼニタナゴ等生息地、永江川河口、鯉ヶ窪・おもつぼ湿原、邑久郡の塩性湿地、味野湾、玉野湾
渓谷滝　神庭の滝、磐窟渓、豪渓、井倉峡、満奇洞、奥津渓谷、泉源渓谷、不動の滝、絹掛の滝、滝山の滝
洞穴・鍾乳洞　井倉洞、満奇洞、備中鍾乳洞、磐窟渓・ダイヤモンドケイブ
海湾岬　沙美海岸、渋川海岸、水島灘、瀬戸内海　**半島**　児島半島
島　鹿久居島、笠岡諸島、日生諸島
温泉　湯郷温泉、奥津温泉、湯原温泉、遥照山温泉、八幡温泉、真賀温泉など
動物　オオサンショウウオ、カブトガニ、ホタル
植物　サクラ、アテツマンサク、オリーブ、カンギク、コスモス、ツツジ、ナノハナ、楠

後楽園（岡山市）

日生諸島（日生町）

岡山県景観条例
昭和63年3月11日
岡山県条例第16号

岡山県環境審議会景観部会

岡山県屋外広告物条例
昭和41年
岡山県条例第29号

国立公園・国定公園
瀬戸内海国立公園，大山隠岐国立公園，氷ノ山後山那岐山国定公園

国指定の特別名勝・名勝
岡山後楽園，豪渓，神庭瀑，下津井鷲羽山，頼久寺庭園，鬼ヶ岳，磐窟谷，奥津渓，白石島，応神山，高島，旧津山藩別邸庭園（衆楽園）

農業景観
上山の千枚田（英田郡英田町），大塀和の棚田（中央町）

草地景観
蒜山高原（真庭郡八束村・川上村），恩原牧場上ノ成ル（上斎原村）

漁港景観
瀬戸内海の底引き船団の出漁（寄島町）

集落関連景観
横野紙すきの里（津山市）

複合景観
児島湾（児島湾の四つ手網，片崎樋門，宮川樋門，常川樋門，前潟の水田），牛窓湾（牛窓の段々畑，牛窓湾のつぼ網，唐琴の瀬戸）

伝統的建造物群保存地区
倉敷市倉敷川畔（伝統的建造物群保存地区・商家町），成羽町吹屋（伝統的建造物群保存地区・鉱山町）

全国的な百選など
未来に残したい日本の自然百選 臥牛山，百間川
日本の白砂青松百選 渋川海岸（玉野市）
農村景観百選 総社市（三須作山）
日本の棚田百選 北庄（久米南町），上籾（久米南町），小山（旭町），大塀和西棚田（中央町）
かおり風景百選 吉備丘陵の白桃（岡山市，倉敷市，山陽町），毛無山ブナとカタクリの花＜毛無山＞（新庄村）
歴史の道百選 大山道，智頭往来～志戸坂峠越
残したい日本の音風景百選 諏訪洞・備中川のせせらぎと水車（北房町），新庄宿の小川（新庄村）
都市景観百選 倉敷市倉敷駅周辺地区
21世紀に残したい日本の風景 瀬戸内海，瀬戸大橋
日本の道百選 本町楢井線・下町薬師院線（高梁市），吉備路自転車道（岡山市ほか）
日本の滝百選 神庭の滝（勝山町）
日本の渚百選 渋川海岸（玉野市），沙美海岸（倉敷市）
日本遺産・百選 瀬戸内海，倉敷・後楽園，瀬戸自動車道

岡山県行政データ
県庁所在地 〒700-8570 岡山市内山下2-4-6 ☎086-224-2111 都市局都市計画課
県東京事務所 〒102-0093 千代田区平河町2-6-3 都道府県会館10F ☎03-5212-9080
その他国内外事務所 大阪，名古屋
長期総合計画 計画名 『快適生活県・おかやま』 目標年次 2010年
　　　　　　　基本理念 創造と共生
岡山県広報紙（誌） 「グラフおかやま」，「ふろんてぃあ21」
岡山県ホームページアドレス 晴れの国おかやま http://www.pref.okayama.jp/
晴れの国 岡山の旅たびインフォ http://www.optic.or.jp/tabitabi/
岡山県立図書館 〒700-0814 岡山市天神町8-54（岡山県総合文化センター内）☎086-224-1286
参考資料 ● 農林水産業に関連する文化的景観の保護に関する調査研究報告 文化庁文化財部記念物課

広島県 〈安芸　備後〉
Hiroshima Prefecture

- 面積　8,476km²　人口　287万人（2003年9月現在）
- 県庁所在地　広島市（人口　112万人）
- 構成市町村数　79（1政令指定都市12市61町5村）
- 気象　年平均気温　　　　16.4℃
  - 年快晴日数　41日　年間日照時間　2,083時間
  - 年降水日数　95日　年間降水量　1,860mm
- 土地利用　―

県名の由来：
太田川河口の最も広い三角州に城郭を設けたとこから。

- 県の花：モミジ
- 県の木：モミジ
- 県の鳥：アビ

世界遺産：
広島平和記念碑（原爆ドーム）
嚴島神社

県章
広島県の「ヒ」を円形にデザインしたもので、県民の和と団結を、円の重なりは、県の躍進を表現する。

厳島神社（宮島町）

原爆ドーム（広島市）

シンボル
- 原爆ドーム
- 宮島

自然景観

山岳高原　恐羅漢山、道後山、冠山、大万木山、阿佐山、大佐山、鷹ノ巣山、観音山、野呂山、七塚原高原、芸北高原、世羅台地

峠　赤名峠、生山峠、三坂峠

河川　太田川、江の川、芦田川、小瀬川、沼田川、高梁川

湖沼池　八幡湿原、聖湖、神竜湖

湿地湿原　八幡湿原、細ノ洞、安芸湾三津口、世羅台地の湧水湿地・ため池群、賀茂台地の湧水湿地・ため池群、帝釈川、宮島、広島湾東部（江田島、能美島、倉橋島等）

渓谷滝　三段峡、帝釈峡、常清滝、龍頭峡、瀑雪の滝

洞穴・鍾乳洞　白雲洞

海湾岬　鞆ノ浦、阿伏兎岬、桂浜、恋が浜、広島湾、瀬戸内海

島　厳島〈宮島〉、因島、向島、大崎上島、大崎下島、上浦刈島、下蒲刈島、豊島、大久野島、生口島、江田島、能美島、倉橋島、走島、佐木島、似島、横島、田島、大黒神島、阿多田島、加島、岩子島、高根島、ひょうたん島、小佐木島、細島、生野島、契島、三角島、斎島、沖野島、猪子島

動物　ハト、鹿、ホタル、イノシシ、ツキノワグマ、サンショウウオ、モリアオガエル

植物　桜、菜の花、ツツジ、サツキ、バラ、アジサイ、フジ、キョウチクトウ、モミジ、ヒマワリ、除虫菊、ベニマンサク、ウメ、ツバキ

ふるさと広島の景観の保全と創造に関する条例
平成3年3月14日　条例第4号

広島県景観審議会

広島県屋外広告物条例
昭和24年11月29日
条例第72号

発見！ひろしま　　　　　　　　　　　　　34広島県　誇れる郷土ガイド－全国47都道府県の誇れる景観編－

国立公園・国定公園
瀬戸内海国立公園，比婆道後帝釈国定公園，西中国山地国定公園

国指定の特別名勝・名勝
厳島，縮景園，鞆公園，浄土寺庭園，帝釈川の谷（帝釈峡），三段峡，旧万徳院庭園，吉川元春館跡庭園

農業景観
たたら鉄穴流しと金屋子神（双三郡君田村），備後国太田荘（世羅町），重井の除虫菊畑（因島市），鹿島の段々畑（安芸郡倉橋町），豊町のみかんの段々畑と石垣（豊町），尾道の桃畑と集落（尾道市）

漁場景観・漁港景観
アビ渡来群遊海面（豊田郡豊浜町），鞆の港湾施設（福山市），吉和港（尾道市）

河川景観
三次の鵜飼（三次市）

習俗・行事などによって現われる景観
壬生の花田植（千代田町）

複合景観
三津口（灘）（牡蠣筏と傾斜地のみかんとびわ），広島湾（広島湾の牡蠣筏，江田島湾の牡蠣筏）

伝統的建造物群保存地区
竹原市竹原地区（伝統的建造物群保存地区・製塩町），豊町御手洗（伝統的建造物群保存地区・港町）

全国的な百選など
未来に残したい日本の自然百選　帝釈峡，八幡湿原
日本の白砂青松百選　桂浜（倉橋町），包ヶ浦海岸（宮島町）
農村景観百選　東広島市（吉川），戸河内町（寺領）
日本の棚田百選　井仁（筒賀村）
かおり風景百選　厳島神社潮のかおり（宮島町），シトラスパーク瀬戸田の柑橘類（瀬戸田町）
歴史の道百選　山陽道～大山峠越・玖波
残したい日本の音風景百選　広島の平和の鐘（平和記念公園　毎年8月6日），千光寺驚音楼の鐘（尾道市）
都市景観百選　広島市平和記念公園及び平和大通り周辺地区，広島市中央公園地区，福山市福山城周辺地区，福山市鞆地区，呉市都心周辺地区，尾道市山手地区，竹原市竹原の町並み地区
21世紀に残したい日本の風景　宮島，しまなみ海道，瀬戸内海，帝釈峡
日本の道百選　平和大通り（広島市），美術館通り（呉市）
日本の滝百選　常清滝（作木村）
日本の渚百選　桂浜（倉橋町），ロマン・ビーチ県民の浜・恋が浜（蒲刈町）
日本の灯台50選　高根島灯台
日本遺産・百選　瀬戸内海，広島の平和記念碑（原爆ドーム），厳島神社

広島県行政データ
県庁所在地　〒730-8511　広島市中区基町10-52　☎082-228-2111　都市局都市総室
県東京事務所　〒100-0013　千代田区霞が関3-2-6 東京倶楽部ビル2F　☎03-3580-0851
その他国内外事務所　大阪，ロスアンゼルス，シンガポール，ソウル，香港
長期総合計画　計画名『ひろしま・新たなる躍進へのプログラム』　目標年次 2005年
　　　　　　基本目標 "多彩な豊かさと活力の創造"　～「日本で一番住みやすい生活県」を目指して～
広島県広報紙（誌）　「県民だよりふれあい」，「すこぶる広島」
広島県ホームページアドレス　http://www.pref.hiroshima.jp/
広島県観光振興プラン　http://www.pref.hiroshima.jp/shoukou/kankou/plan/index.html
発見！ひろしま観光ホット情報　http://www.kankou.pref.hiroshima.jp/
旅メニュー～広島県の観光スポット＆ルート　http://www.pref.hiroshima.jp/shoukou/kankou/tabimenu/index.html
広島県立図書館　〒730-0052　広島市中区千田町3-7-47　☎082-241-2299
参考資料　●農林水産業に関連する文化的景観の保護に関する調査研究報告　文化庁文化財部記念物課

広島県

シンクタンクせとうち総合研究機構　発行

誇れる郷土ガイドー全国47都道府県の誇れる景観編ー　35山口県　　　　おいでませ山口へ！

山口県 〈周防　長門〉
Yamaguchi Prefecture

面積　6,110km²　　**人口**　152万人（2003年9月現在）
県庁所在地　山口市（人口　14.0万人）
構成市町村数　53（13市35町 5村）
気象　年平均気温　　　15.6℃
　　　年快晴日数　58日　年間日照時間　1,961時間
　　　年降水日数　116日　年間降水量　2,295mm
土地利用　ー

県名の由来：
阿武郡の奥山の入口の意味。

県の花：夏ミカンの花
県の木：アカマツ
県の鳥：ナベツル
県の魚：フク
県の獣：本州シカ

県章
「山口」の文字を組合せ図案化。県民の団結と飛躍を太陽に向ってはばたく鳥にかたどったもの。

シンボル
- 秋吉台・秋芳洞
- 錦帯橋
- ザヴィエル記念天主堂

自然景観

山岳高原　寂地山，羅漢山，鬼ヶ城山，権現山，十種ヶ峰，平象岳，羅漢高原　**峠**　野坂峠
カルスト台地　秋吉台
河川　錦川，門前川，今津川，佐波川，小瀬川，一ノ坂川，阿武川，寂地川
湖沼池　菅野湖，弁天池
湿地湿原　阿知須干拓，八代，佐波川河口，広島湾西部（屋代島等），秋穂湾〜山口湾（椹野川河口），厚東川・有帆川・厚狭川の河口，厚狭川下流農業用水系，秋芳洞の地下水系，山口県 油谷湾，青海島周辺沿岸
渓谷滝　長門峡，寂地峡，五竜の滝，石柱渓，徳仙の滝
洞穴・鍾乳洞　秋芳洞，大正洞，景清洞
海湾岬　室積・虹ヶ浜海岸，象鼻ヶ岬，高山岬，川尻岬，神田岬，須佐湾，仙崎湾，響灘，瀬戸内海，日本海
海峡　関門海峡
半島　室積大島
島　屋代島，青海島，笠戸島，厳流島，祝島，長島，八島，蓋井島，見島，相島，角島
温泉　湯田温泉，湯本温泉，俵山温泉，湯野温泉，川棚温泉，阿知須温泉，湯免温泉など
動物　ナベヅル，カワラヒワ，ツグミ，キジバト，ホンシュウジカ，ゲンジボタル
植物　夏みかん，サクラ，ヤブツバキ，ウメ，ツツジ，ひまわり，アカマツ，アジサイ

秋吉台（秋芳町）

萩の町並み（萩市）

山口県屋外広告物条例
昭和41年
山口県条例第41号

74　　　シンクタンクせとうち総合研究機構　発行

国立公園・国定公園
瀬戸内海国立公園，秋吉台国定公園，北長門海岸国定公園，西中国山地国定公園

国指定の特別名勝・名勝
錦帯橋，毛利氏庭園，長門峡，常栄寺庭園，石柱渓，青海島，俵島，須佐湾，竜宮の潮吹，狗留孫山，宗隣寺庭園，常徳寺庭園

農業景観
川中地区の水田（下関市），徳地の石垣棚田と茶の木（徳地町），中尾凌雲寺跡周辺の棚田（山口市），秋吉台のドリーネ畑（美弥郡美東町）

草地景観
角島の放牧（豊浦郡豊北町）

漁港景観
飯井の石積防波堤（萩市）

河川景観
松本川のしろ魚漁（萩市），粟野川の川漁（豊北町）

複合景観
油谷町（後畑の棚田と漁火，油谷町川尻の防風林のある棚田），見島（見島の棚田と見島ウシの放牧）

伝統的建造物群保存地区
萩市堀内地区（伝統的建造物群保存地区・武家町）萩市平安古地区（伝統的建造物群保存地区・武家町），柳井市古市金屋（伝統的建造物群保存地区・商家町）

全国的な百選など
未来に残したい日本の自然百選　十種ヶ峰，長門峡
日本の白砂青松百選　室積・虹ヶ浜海岸（光市）
農村景観百選　田布施町（砂田），平生町（名切），むつみ町（伏馬）
日本の棚田百選　東後畑（油谷町）
かおり風景百選　萩城下町夏みかんの花（萩市）
歴史の道百選　萩往還，赤間関街道～中道筋・雲雀峠越
残したい日本の音風景百選　山口線のSL（小郡町～島根県津和野町），関門海峡の潮騒と汽笛（下関市）
都市景観百選　萩市堀内地区，宇部市真締川周辺地区，下関市下松タウンセンター周辺地区，山口市パークロード周辺地区
21世紀に残したい日本の風景　錦帯橋，秋吉台・秋芳洞，関門海峡，瀬戸内海，常盤公園
日本の道百選　パークロード（山口市），菊屋横丁（萩市）
水源の森百選　水源の森木谷山（錦町），十種ヶ峰水源の森（阿東町）
日本の滝百選　寂地峡五竜の滝
日本の渚百選　室積・虹ヶ浜海岸（光市），青海島（長門市）
日本の灯台50選　角島灯台（豊北町）
日本遺産・百選　瀬戸内海，萩，錦帯橋，秋吉台・秋芳洞

山口県行政データ
県庁所在地　〒753-8501　山口市滝町1-1　☎083-922-3111
　土木建築部都市計画課　☎0839-33-3725
県東京事務所　〒100-0013　千代田区霞が関3-3-1 尚友会館　☎03-3502-3355
その他国内外事務所　大阪
長期総合計画　計画名『やまぐち未来デザイン21』　目標年次 2010年
　　　　基本目標　21世紀に自活できるたくましい山口県の創造
山口県広報紙（誌）　「県民だよりふれあい山口」，「フォトやまぐち」
山口県ホームページアドレス　http://www.pref.yamaguchi.jp/
おいでませ山口へ～観光情報～　http://www.oidemase.or.jp/index.asp
山口県立山口図書館　〒753-0083　山口市大字後河原字松柄150-1　☎083-924-2111
参考資料　●農林水産業に関連する文化的景観の保護に関する調査研究報告　文化庁文化財記念物課

誇れる郷土ガイド−全国47都道府県の誇れる景観編− 36徳島県　　　　すっぴん徳島

徳島県〈阿　波〉
Tokushima Prefecture
面積　4,145km²　人口　83万人（2003年9月現在）
県庁所在地　徳島市（人口　26.8万人）
構成市町村数　50（4市38町8村）
気象　年平均気温　　　　16.7℃
　　　年快晴日数　31日　年間日照時間　2,189時間
　　　年降水日数　95日　年間降水量　1,170mm
土地利用　森林　75.2％，農地　8.2％
　　　　　水面・河川・水路　3.6％，道路　2.9％
　　　　　住宅地　2.2％，原野　0.4％

県名の由来：
吉野川の三角州の島の名前に由来する。

県章

徳島県の「とく」を鳥にデザインしたもので、融和、団結、雄飛発展の県勢を簡明に表現する。

県の花：スダチの花
県の木：ヤマモモ
県の鳥：シラサギ

鳴門海峡（鳴門市）

阿波踊り（徳島市）

シンボル
- 吉野川
- 剣山

自然景観
山岳高原　塩塚高原，大川原高原，中尾山高原，剣山，高丸山，大麻山，天神丸，権田山，眉山，烏帽子山，高越山，中津峰山，平家平
峠　大坂峠，桟敷峠，吹越峠，猪ノ鼻峠，四ツ足堂峠
河川　吉野川，那賀川，坂州木頭川，鷲敷ライン
湖沼池　出羽島大池，海老ヶ池
湿地湿原　吉野川河口，ジョガマル池，勝浦川河口，大津田川流域の用水路網，蒲生田海岸，伊島および周辺沿岸，橘湾，日和佐大浜海岸，牟岐大島周辺沿岸，出羽島の大池，宍喰地先沿岸，黒沢湿原，鳴門海峡
渓谷滝　祖谷渓，大歩危・小歩危，嵯峨峡，高ノ瀬峡，轟の滝，大釜の滝，雨乞の滝，八多五滝，美濃田の淵
海湾岬　蒲生田岬，孫崎，北の脇海岸，大浜海岸，鳴門（渦潮），阿波の土柱（風化風食），千羽海崖，橘湾，小松島湾，水床湾，瀬戸内海，太平洋
海峡　鳴門海峡
島　大毛島・島田島，伊島，出羽島，竹ヶ島
動物　オオウナギ，アカウミガメ，阿波尾鶏，ツキノワグマ
植物　サクラ，シャクナゲ，オンツツジ，ブナ林，エノキ

徳島県リゾート地域景観形成ガイドライン
平成5年8月

徳島県屋外広告物条例
平成4年12月25日
徳島県条例第52号

シンクタンクせとうち総合研究機構　発行

国立公園・国定公園
瀬戸内海国立公園, 剣山国定公園, 室戸阿南海岸国定公園

国指定の特別名勝・名勝
鳴門, 阿波国分寺庭園, 旧徳島城表御殿庭園

農業景観
木頭柚の生産地（那賀郡木頭村）, 美郷の梅林（麻植郡美郷村）, 高開の石積み段々畑（麻植郡美郷村）, 下影の棚田（三好郡井川町）, 樫原の棚田（勝浦郡上勝町）

魚場景観
水床湾周辺の漁場（海部郡宍喰町）

集落関連景観
中谷の石倉（麻植郡美郷村）

伝統的建造物群保存地区
脇町南町（伝統的建造物群保存地区・商家町）

四国霊場八十八か所
徳島（①～㉓番）発心の道場
① 霊山寺（鳴門市）　② 極楽寺（鳴門市）　③ 金泉寺（板野町）　④ 大日寺（板野町）　⑤ 地蔵寺（板野町）　⑥ 安楽寺（上板町）　⑦ 十楽寺（土成町）　⑧ 熊谷寺（土成町）　⑨ 法輪寺（土成町）　⑩ 切幡寺（市場町）　⑪ 藤井寺（鴨島町）　⑫ 焼山寺（神山町）　⑬ 大日寺（徳島市）　⑭ 常楽寺（徳島市）　⑮ 国分寺（徳島市）　⑯ 観音寺（徳島市）　⑰ 井戸寺（徳島市）　⑱ 恩山寺（小松島市）　⑲ 立江寺（小松島市）　⑳ 鶴林寺（勝浦町）　㉑ 太龍寺（阿南市）　㉒ 平等寺（阿南市）　㉓ 薬王寺（日和佐町）

全国的な百選など
未来に残したい日本の自然百選　眉山, 吉野川河口の干潟
日本の白砂青松百選　大里松原（海南町）
さくら名所百選　西部公園（徳島市）
農村景観百選　日和佐町（赤松）
日本の棚田百選　樫原の棚田村（上勝町）, 下影（井川町）
かおり風景百選　吉野川流域の藍染めのかおり（藍住町）, 上勝町の阿波番茶（上勝町）
歴史の道百選　讃岐街道～大坂峠越
残したい日本の音風景百選　鳴門の渦潮（鳴門市）, 阿波踊り（徳島県全域）
21世紀に残したい日本の風景　瀬戸内海
都市景観百選　脇町脇町市街地景観形成地区
日本の道百選　吉野川バイパス（徳島市）, うだつの町並み（脇町）
水源の森百選　剣山水源の森（東祖谷山村）, 轟山水源の森（海南町）
水の郷百選　徳島市
日本の滝百選　大釜の滝（木沢村）, 轟九十九滝（海南町）, 雨乞の滝（神山町）
日本の渚百選　大浜海岸（日和佐町）, 北の脇海岸（阿南市）
日本遺産・百選　瀬戸内海, 四国の霊場と遍路道, 阿波踊り

徳島県行政データ
県庁所在地　〒770-8570　徳島市万代町1-1　☎088-621-2500
　県土整備部都市計画課　☎088-621-2566
県東京事務所　〒102-0093　千代田区平河町2-6-3　都道府県会館14F　☎03-5212-9022
その他国内外事務所　大阪, 名古屋, 福岡
長期総合計画　計画名　『徳島県新長期計画』　目標年次 2006年度
　　　　　　　　基本とする視点　個性 創造 自立
　　　　　　　　基本目標　いのち輝く世界の郷とくしま
徳島県広報紙（誌）　「OUR徳島」
徳島県ホームページアドレス　http://www.pref.tokushima.jp/
徳島県立図書館　〒770-8070　徳島市八万町向寺山文化の森総合公園　☎088-668-3500
参考資料　●農林水産業に関連する文化的景観の保護に関する調査研究報告　文化庁文化財部記念物課

香川県 〈讃 岐〉

Kagawa Prefecture

- 面積 1,876km² 人口 103万人（2003年9月現在）
- 県庁所在地 高松市（人口 33.3万人）
- 構成市町村数 37（7市30町）
- 気象 年平均気温 16.5℃
  - 年快晴日数 33日 年間日照時間 2,178時間
  - 年降水日数 101日 年間降水量 1,097㎜
- 土地利用 山林 28%、田・畑 23%
  - 宅地 9%、国有地等 40%

県名の由来：毛川、香り立つ川など諸説がある。

- 県の花：オリーブ
- 県の木：オリーブ
- 県の鳥：ホトトギス
- 県の魚：ハマチ
- 県の獣：シカ

県章
香川県の「カ」をデザインし、県花のオリーブの葉を表現。恵まれた風土に育まれ、向上発展する県の姿を象徴。

シンボル
- 瀬戸大橋
- 讃岐うどん
- 讃岐富士（飯野山）
- サンポート高松

自然景観

山岳高原 大滝山、竜王山、雨滝山、飯野山
峠 大坂峠、猪ノ鼻峠
熔岩台地 屋島、五色台（黄峰、黒峰、青峰、白峰、赤峰）
河川 綾川、津田川、土器川、香東川
湖沼池 内場池、満濃池、逆瀬池
湿地 香川県低地の水田、ため池などの湿地、豊島ため池群、満濃池周辺のため池群
渓谷滝 寒霞渓、銚子渓、柏原渓谷
海湾岬 馬ケ鼻、大串岬、大角鼻、釈迦ヶ鼻、大崎ノ鼻、津田の松原、津田湾、志度湾、有明海岸、播磨灘、瀬戸内海
島 小豆島、小豊島、豊島、沖之島、直島、屏風島、向島、大島、男木島、女木島、櫃石島、岩黒島、与島、小与島、本島、牛島、広島、手島、小手島、佐柳島、高見島、粟島、志々島、伊吹島
温泉 塩江温泉、五郷渓温泉、庵治温泉など
動物 オオルリ、サンコウチョウ、シジュウカラ、ムササビ、ミソサザイ
植物 オリーブ、サクラ、フジ、ツツジ、ショウブ、孔雀藤、ハギ、イタヤカエデ

香川県屋外広告物条例
昭和40年7月20日
条例第18号

金比羅宮（琴平町）

小豆島のオリーブ園（内海町）

親・切・香・川　　　　　　　37香川県　誇れる郷土ガイド－全国47都道府県の誇れる景観編－

国立公園・国定公園
瀬戸内海国立公園

国指定の特別名勝・名勝
栗林公園，象頭山，神懸山（寒霞渓），琴弾公園

農業景観
丸亀の条里地割（丸亀市），東植田の茶畑（高松市）

漁場景観・漁港景観・海浜景観
おおて（高松市）

複合景観
満濃池（満濃池，善通寺市の出土とため池，高松市の出水とため池）

伝統的建造物群保存地区
丸亀市塩飽本島町笠島（伝統的建造物群保存地区・港町）

四国霊場八十八か所
香川（66～88番）涅槃の道場
66 雲辺寺（池田町）　67 大興寺（山本町）　68 神恵院（観音寺市）　69 観音寺（観音寺市）　70 本山寺（豊中町）
71 弥谷寺（三野町）　72 曼荼羅寺（善通寺市）　73 出釈迦寺（善通寺市）　74 甲山寺（善通寺市）
75 善通寺（善通寺市）　76 金倉寺（善通寺市）　77 道隆寺（多度津町）　78 郷照寺（宇多津町）　79 天皇寺（坂出市）
80 国分寺（国分寺町）　81 白峯寺（坂出市）　82 根香寺（高松市）　83 一宮寺（高松市）　84 屋島寺（高松市）
85 八栗寺（牟礼町）　86 志度寺（志度町）　87 長尾寺（長尾町）　88 大窪寺（長尾町）

全国的な百選など
未来に残したい日本の自然百選　津田の松原，寒霞渓
日本の白砂青松百選　白鳥神社の松原（白鳥町），津田の松原（津田町），観音寺松原（観音寺市）
農村景観百選　豊浜町（豊浜）
日本の棚田百選　中山千枚田（池田町）
かおり風景百選　白鳥神社のクスノキ（白鳥町）
歴史の道百選　讃岐街道～大坂峠越
残したい日本の音風景百選　大窪寺の鐘とお遍路さんの鈴（長尾町），満濃池のゆるぬきとせせらぎ（満濃町）
都市景観百選　高松市 高松中央通りプロムナード周辺地区
21世紀に残したい日本の風景　瀬戸内海，瀬戸大橋
日本の道百選　中央通り（高松市），ブルーライン（内海町）
日本の渚百選　有明海岸（観音寺市），満濃池（満濃町）
日本の灯台50選　男木島灯台
日本遺産・百選　瀬戸内海，瀬戸自動車道，四国の霊場と遍路道

香川県行政データ
県庁所在地　〒760-8570　高松市番町4-1-10　☎087-831-1111
　土木部都市計画課　☎087-832-3557
県東京事務所　〒102-0093　千代田区平河町2-6-3　都道府県会館9F　☎03-5212-9100
その他国内外事務所　大阪
長期総合計画　計画名　『香川県新世紀基本構想』　目標年次　2010年
　　　　　　　基本目標　みどり・うるおい・にぎわいの創造
香川県広報紙（誌）　県政だより香川
香川県ホームページアドレス　http://www.pref.kagawa.jp/
香川県立図書館　〒761-0301　高松市林町2217-19　香川インテリジェントパーク内　☎087-868-0567
参考資料　●農林水産業に関連する文化的景観の保護に関する調査研究報告　文化庁文化財部記念物課

シンクタンクせとうち総合研究機構　発行

愛媛県 〈伊 予〉

Ehime Prefecture
面積 5,676km² 人口 151万人（2003年9月現在）
県庁所在地 松山市（人口 19.2万人）
構成市町村数 69（12市44町13村）
気象 年平均気温 16.7℃
　　 年快晴日数 33日　年間日照時間 2,133時間
　　 年降水日数 102日　年間降水量 1,440mm
土地利用 ―

県名の由来：
古事記に伊予を愛比売と
いうとあり、長女、姉の意
味。

県の花：ミカンの花
県の木：マツ
県の鳥：コマドリ
県の魚：マダイ
県の獣：日本カワウソ

県章

瀬戸内海の恩恵と、県民の明るい未来をデザイン。赤は太陽とみかん、緑は石鎚山などの自然、青は海を表わす。

シンボル

- しまなみ海道
- 道後温泉

自然景観

山岳高原 石鎚山、八幡山、伊予富士、笠取山、壺神山、笹ヶ峰、東赤石山、東三方ヶ森、高縄山、久万高原、翠波高原、瓶ヶ森、明神山
峠 三坂峠、法華津峠、地芳峠、桧皮峠
河川 肱川、加茂川、重信川、石手川、面河川、仁淀川、別子ライン、八釜甌穴群（河食）
湖沼池 鹿野川湖
湿地湿原 加茂川河口、黒瀬ダム、皿ヶ嶺湿地、重信川河口、肱川下流域の農業用水系、伊方町地先沿岸、宇和海島嶼部周辺沿岸
渓谷滝 面河渓、滑床渓谷、成川渓谷、富郷渓谷、夫婦滝
洞穴・鍾乳洞 穴神鍾乳洞
海湾岬 佐田岬、由良岬、波止浜、志島ヶ原、桜井海岸、須ノ川海岸、御荘湾、宇和湾、宇和海、伊予灘、燧灘、豊後水道、瀬戸内海
海峡 豊予海峡、来島海峡、釣島海峡
半島 佐田岬半島、高縄半島
島 越智諸島（大三島等）、上島諸島（岩城島等）、来島諸島、関前諸島、魚島諸島、宇和海諸島
温泉 道後温泉、奥道後温泉、湯ノ浦温泉、鈍川温泉、鹿島鉱泉温泉、別子温泉など
動物 コマドリ、クマタカ、ミソサザイ、シジュウカラ、ヒガラ
植物 サクラ、ツツジ、ハマユウ、フジ、キンモクセイ

道後温泉（松山市）

石鎚山

愛媛県都市景観形成マニュアル
平成5年

愛媛県屋外広告物条例
条例第50号
昭和35年10月6日

共に創ろう　誇れる愛媛　　　　38愛媛県　誇れる郷土ガイド－全国47都道府県の誇れる景観編－

国立公園・国定公園
瀬戸内海国立公園、足摺宇和海国立公園、石鎚国定公園

国指定の特別名勝・名勝
波止浜、面河渓、大三島、志島ヶ原、千疋のサクラ、八幡山、岩屋、古岩屋、天赦園、保国寺庭園

農業景観
泉谷の棚田（五十崎町）、白尾・立川袋口の棚田（内子町）、井内の棚田（川内町）、千町の棚田（西条市）、窪野の岩上田（城川町）、城川町の茶堂と山村（東宇和郡城川町）、広見町の茶堂と山村（広見町）、奥内の棚田（松野町）、本谷の棚田と伊予灘（双海町）、白い石積の段々畑と宇和海（東宇和郡明浜町）、伊方町の柑橘の段々畑と防風林（西宇和郡伊方町）、石畳東地区のたばこ畑（内子町）、江子の柿畑風景（内子町）、五郎・若宮の畑の境木（大洲市）、吉田町の段々畑とリアス式海岸（吉田町）

漁場景観・漁港景観・海浜景観
北灘湾の夕日と養殖いけす（津島町）、西条市の干潟の海苔養殖（西条市）、西海町の養殖風景と石垣（西海町）

集落関連景観
外泊の石垣集落（南宇和郡西海町）

複合景観
水ヶ浦、肱川、四国カルスト、篭川、佐田岬半島

伝統的建造物群保存地区
内子町八日市護国（伝統的建造物群保存地区・製蝋町）

四国霊場八十八か所
愛媛 ㊵～㊿番 菩提の道場
㊵観自在寺（御荘町）　㊶龍光寺（三間町）　㊷仏木寺（三間町）　㊸明石寺（宇和町）　㊹大宝寺（久万町）
㊺岩屋寺（美川村）　㊻浄瑠璃寺（松山市）　㊼八坂寺（松山市）　㊽西林寺（松山市）　㊾浄土寺（松山市）
㊿繁多寺（松山市）　51石手寺（松山市）　52太山寺（松山市）　53円明寺（松山市）　54延命寺（今治市）
55南光坊（今治市）　56泰山寺（今治市）　57栄福寺（玉川町）　58仙遊寺（玉川町）　59国分寺（今治市）
60横峰寺（小松町）　61香園寺（小松町）　62宝寿寺（小松町）　63吉祥寺（西条市）　64前神寺（西条市）
65三角寺（川之江市）

全国的な百選など
未来に残したい日本の自然百選　岩屋寺の自然林、面河渓
さくら名所百選　城山公園（松山市）
日本の白砂青松百選　志島ヶ原海岸（今治市）
農村景観百選　宇和島市（遊子）、中山町（栃谷）、中山町（高岡）、内子町（石畳）
日本の棚田百選　泉谷（五十崎町）、堂の坂（城川町）、奥内（松野町）
かおり風景百選　内子町の町並と和ろうそく（内子町）、西条王至森寺の金木犀（西条市）、愛媛西宇和の温州みかん（愛媛県）
歴史の道百選　土佐北街道～笹ケ峰越、橘原街道～韮ヶ峠越
残したい日本の音風景百選　道後温泉振鷺閣の刻太鼓（松山市）
21世紀に残したい日本の風景　しまなみ海道、瀬戸内海
日本の道百選　八日市南街路、南レク街路（津島町）
水源の森百選　今治越智地方水源の森（玉川町ほか）、面河水源の森（面河村）、滑床水源の森（宇和島市）
水の郷百選　西条市
日本の滝百選　雪輪の滝（宇和島市）、御来光の滝（面河村）
日本の渚百選　桜井海岸（今治市）、須ノ川海岸（内海村）
日本の灯台50選　佐田岬灯台
日本遺産・百選　瀬戸内海、四万十川、四国の霊場と遍路道

愛媛県行政データ
県庁所在地　〒790-8570　松山市一番町4-4-2　☎089-941-2111
　土木部都市計画課　☎089-912-2735
県東京事務所　〒102-0093　千代田区平河町2-6-3　都道府県会館11F　☎03-5212-9071
その他国内外事務所　大阪
長期総合計画　計画名　『第五次愛媛県長期計画』　　目標年次　2010年
　　　　　　　基本理念　「共に創ろう　誇れる愛媛」
愛媛県広報紙（誌）　県民だより「さわやか愛媛」、愛媛のコミュニケートマガジンEhimail
愛媛県ホームページアドレス　http://www.pref.ehime.jp
愛媛県立図書館　〒790-0007　松山市堀之内　☎089-941-1441
参考資料　●愛媛の景観：昭和を生き抜いた人々が語る　愛媛県生涯学習センター
　　　　　●農林水産業に関連する文化的景観の保護に関する調査研究報告　文化庁文化財部記念物課

シンクタンクせとうち総合研究機構　発行

高知県 〈土佐〉

Kochi Prefecture

面積 7,104km² 人口 82万人（2003年9月現在）
県庁所在地 高知市（人口 33.2万人）
構成市町村数 53（9市 25町 19村）
気象 年平均気温 16.9℃
　　　年快晴日数 48日 年間日照時間 2,212時間
　　　年降水日数 118日 年間降水量 2,153mm
土地利用 森林・原野 83.5%, 農用地 4.4%
　　　　水面・河川 2.2%

県名の由来：
川に挟まれた土地の意味で河中山と名付けたところから。

県の花：ヤマモモ
県の木：ヤナセスギ
県の鳥：ヤイロチョウ
県の魚：カツオ

県章

土佐の「とさ」を図案化。白い部分は高知の「コ」を表わす。たてのけん先は、向上を、円は平和、協力を表現。

四万十川（西土佐村）
沈下橋

シンボル
- 四万十川
- よさこい祭
- 高知城
- 坂本龍馬

自然景観

山岳高原 天狗高原, 笹ヶ峰, 烏帽子ヶ森, 杉山, 手箱山, 雨ヶ森, 鶴松森, 梶ヶ森, 五位ヶ山
峠 吹越峠, 根曳峠, 地芳峠, 四ツ足堂峠
カルスト 四国カルスト（葉山村, 東津野村, 梼原町）
河川 四万十川, 鏡川, 西の川, 東の川, 仁淀川
湖沼池 魚梁瀬貯水池
湿地湿原 宿毛湾, 松山地区のオオイタサンショウウオの生息地, 四万十川下流・河口域, 中村市トンボ自然公園, 土佐清水鵜碆, 平碆, 見残し周辺沿岸, 龍河洞の地下水系, 横碆周辺沿岸, 浦ノ内湾, 室戸岬周辺沿岸, 夜須町地先沿岸
渓谷滝 安居渓谷, 龍王の滝, 轟の滝, 大樽の滝
洞穴・鍾乳洞 龍河洞
海湾 桂浜, 入野海岸, 大堂海岸, 土佐湾, 浦戸湾, 太平洋
半島 幡多半島 **岬** 足摺岬, 室戸岬, 羽根岬, 行当岬
島 咸陽島, 中ノ島, 戸島, 大島, 沖の島, 鵜来島, 柏島
温泉 若宮温泉, 横浪温泉, 円行寺温泉, 猪野沢温泉, 蘇鶴温泉, 馬路温泉など
動物 鯨, トンボ, 土佐闘犬, 土佐尾長鶏, ミカドアゲハ
植物 サクラ, ツツジ, ヤブツバキ, アケボノツツジ, 大杉, コスモス

桂浜と坂本龍馬（高知市）

高知県景観ガイドライン
平成12年3月

高知県屋外広告物条例
平成8年3月26日
条例5号

39高知県 誇れる郷土ガイド－全国47都道府県の誇れる景観編－

国立公園・国定公園
足摺宇和海国立公園, 室戸阿南海岸国定公園, 剣山国定公園, 石鎚国定公園

国指定の特別名勝・名勝
入野松原, 室戸岬

農業景観
有瀬の棚田（香北町）, 谷相の棚田（香北町）, 市野瀬の棚田（佐賀町）, 長者の棚田（仁淀村）, 野良時計（安芸市）, 神在居の千枚田（高岡郡梼原町）

森林景観
魚梁瀬の林業景観（安芸郡馬路村）, 琴ヶ浜松原（芸西村）

漁場景観・漁港景観・海浜景観
柏島の石堤（大月町）

集落関連景観
椿の生垣集落（土佐清水市）

習俗・行事などによって現われる景観
野見の潮ばかり（須崎市）

複合景観
四万十川（四万十川沿いの石垣と水田, 四万十川の沈下橋と秋祭り, 四万十川源流一本橋, 四万十川の鮎漁, 四万十川の火振り漁, 四万十川の落ち鮎漁, ゴリ漁）

四国霊場八十八か所
高知 24～39番　修行の道場
24最御崎寺（室戸市）　25津照寺（室戸市）　26金剛頂寺（室戸市）　27神峯寺（安田町）　28大日寺（野市町）
29国分寺（南国市）　30善楽寺（高知市）　31竹林寺（高知市）　32禅師峰寺（南国市）　33雪蹊寺（高知市）
34種間寺（春野町）　35清瀧寺（土佐市）　36青龍寺（土佐市）　37岩本寺（窪川町）　38金剛福寺（土佐清水市）
39延光寺（宿毛市）

全国的な百選など
未来に残したい日本の自然百選　四万十川, 魚梁瀬千本山
日本の白砂青松百選　琴ヶ浜（芸西村和食ほか）, 種崎千松公園（仁井田町）, 小室の浜（窪川町）
農村景観百選　梼原町（神在居）
日本の棚田百選　千枚田（梼原町）
かおり風景百選　四万十川の沈下橋をわたる風四万十川流域（中村市・西土佐村・十和村・大正町・窪川町・大野見村・東津野村・梼原町）, 梼原神在居の千枚田（梼原町）
歴史の道百選　土佐北街道～笹ヶ峰越, 橘原街道～韮ヶ峠越, 野根山街道
残したい日本の音風景百選　室戸岬・御厨人窟の波音（室戸市）
都市景観百選　高知市中心市街地区
21世紀に残したい日本の風景　足摺岬, 四万十川
日本の道百選　追手筋通り（高知市）, 足摺サニーロード（土佐清水市ほか）, 国道197号線（梼原町ほか）
日本の滝百選　龍王の滝（大豊町）, 轟の滝（香北町）, 大樽の滝（越智町）
日本の渚百選　桂浜公園（高知市）, 入野海岸（大方町）, 室戸岬（室戸市）
日本の灯台50選　室戸岬灯台, 足摺岬灯台
日本遺産・百選　四万十川, 四国の霊場と遍路道

高知県行政データ
県庁所在地　〒780-8570　高知市丸の内1-2-20　☎088-823-1111
　土木部都市整備課　☎088-823-9848
県東京事務所　〒100-0013　千代田区霞が関3-3-1　尚友会館　☎03-3501-5541
その他国内外事務所　大阪, 名古屋, 北海道, シンガポール
高知県広報紙（誌）　県政だより「さんSUN高知」,「高知あったか情報」
高知県ホームページアドレス　http://www.pref.kochi.jp/
高知県観光情報　http://www.pref.kochi.jp/kankou.htm
高知県の統計情報　企画振興部統計課　☎0888-23-9343　FAX 0888-23-9257
高知県立図書館　〒780-0850　高知市丸の内1-1-10　☎088-872-6703
参考資料　●高知県景観ガイドライン　高知県
　●農林水産業に関連する文化的景観の保護に関する調査研究報告　文化庁文化財部記念物課

シンクタンクせとうち総合研究機構　発行

福岡県 〈豊前 筑前 筑後〉

Fukuoka Prefecture

- 面積　4,968km²
- 人口　499万人（2003年9月現在）
- 県庁所在地　福岡市（人口 134.9万人）
- 構成市町村数　96（2政令指定都市22市64町8村）
- 気象　年平均気温　　　17.1℃
  - 年快晴日数　35日　年間日照時間　1,975時間
  - 年降水日数　111日　年間降水量　2,083mm
- 土地利用　—

県名の由来：
黒田長政が祖先の地、備前邑久郡福岡庄の名をとって名付けた。

- 県の花：ウメ
- 県の木：ツツジ
- 県の鳥：ウグイス

県章

福岡県の「フ」、「ク」を県花のウメの花にデザインし、躍進する福岡県の姿を力強く表現したもの。

海の中道　海浜公園（福岡市）

博多どんたく（福岡市）

シンボル
- 太宰府

自然景観

山岳高原　釈迦岳、御前岳、英彦山、三郡山、宝満山、犬ヶ岳、求菩提山、背振山、雷山、可也山

峠　冷水峠、三瀬峠、竹原峠、小栗峠

台地　平尾台＜カルスト＞

河川　筑後川、遠賀川、矢部川、山国川、今川、彦山川、那珂川

湿地湿原　今津・博多湾、お糸池、曽根干潟、筑前大島・地ノ島周辺沿岸、長井浜〜西角田港周辺干潟、千鳥が池、福岡湾（和白干潟・今津干潟）、田主丸町の農業用水系、筑紫平野の河川・水路など、有明海

渓谷滝　上野峡、筑紫耶馬渓、篠栗耶馬渓、十津川渓谷、深倉峡、龍門峡、白糸の滝、千寿院の滝、安宅の滝、日向神峡、蛇淵の滝

洞穴・鍾乳洞　千仏洞、牡鹿洞、目白洞、岩屋鍾乳洞

海湾岬　恋の浦、二見ヶ浦、芥屋大門、幣の松原、海の中道、三里松原、豊前海岸、姉子の浜、博多湾、有明海、瀬戸内海、日本海

海峡　関門海峡

島　能古島、志賀島、相島、玄海島、大島、烏帽子島、沖ノ島

温泉　博多温泉、脇田温泉、船小屋温泉、新船小屋温泉、筑後川温泉、原鶴温泉など

動物　カッコウ、キジ、フクロウ、ホオジロ、マガモ、ヒバリ、シギ、ノウサギ

植物　ウメ、ボタン、フジ、臥竜梅、はまゆう

福岡県美しいまちづくり条例
条例第66号
平成12年10月18日

福岡県景観政策検討委員会

福岡県屋外広告物条例
平成14年3月29日
条例第35号

国立公園・国定公園
瀬戸内海国立公園，玄海国定公園，北九州国定公園，邪馬台日田英彦山国定公園

国指定の特別名勝・名勝
松濤園，清水寺本坊庭園，戸島氏庭園，旧亀石坊庭園，藤江氏魚楽園

農業景観
星野村の棚田（八女郡星野村），つづら棚田（浮羽郡浮羽町）

河川景観・池沼景観・湖沼景観・水路景観
黄金川の川茸採り（甘木市），裂田溝（那珂川町）

伝統的産業や生活を示す文化財の周辺の景観
山田堰（朝倉郡朝倉町）

複合景観
柳川（柳川の堀割，大木町の堀干し，柳川の条理遺溝，柳川の漁労景観，柳川のドンコ船，永松荒子と導流堤，柳川の漁港）

全国的な百選など
未来に残したい日本の自然百選 宝満山，英彦山，豊前海岸
日本の白砂青松百選 三里松原（岡垣町・芦屋町ほか），さつき松原（玄海町ほか），海の中道（福岡市），生の松原（福岡市），幣の松原（福岡市）
農村景観百選 苅田町（等覚寺）
日本の棚田百選 広内・上原地区棚田（星野村），つづら棚田（浮羽町），白川（甘木市），竹（宝珠山村）
かおり風景百選 太宰府天満宮の梅林とクスノキの森（太宰府市），合馬竹林公園の竹と風（北九州市），柳川川下りとうなぎの蒸籠蒸し（柳川市）
歴史の道百選 長崎街道～冷水峠越，肥前・筑前街道～脊振坂越
残したい日本の音風景百選 博多祇園山笠のかき山笠（福岡市），観世音寺の鐘（太宰府市），関門海峡の潮騒と汽笛（北九州市）
都市景観百選 福岡市シーサイドももち地区，北九州市門司港レトロ地区，柳川市柳川城堀地区
21世紀に残したい日本の風景 関門海峡，有明海
日本の道百選 東西軸トランジットモール（福岡市），槻田あおぞら通り（北九州市），水辺の散歩道（柳川市）
日本の渚百選 二見ヶ浦（志摩町），海の中道（福岡市）
日本の灯台50選 部埼灯台（門司区），白洲灯台（北九州市）
日本遺産・百選 瀬戸内海，柳川・久留米

福岡県行政データ
県庁所在地 〒812-8577 福岡市博多区東公園7-7 ☎092-651-1111 建築都市部都市計画課
県東京事務所 〒102-0083 千代田区麹町1-12 ☎03-3261-9861
その他国内外事務所 大阪，名古屋，香港，ソウル，バンコク
長期総合計画 計画名 『ふくおか新世紀計画』 目標年次 2005年度
　　　　　　　基本目標 「躍動する県づくり」（新しいふくおかのダイナミズム）
　　　　　　　視点「アジア」，「地域活性化」，「人と自然との共存」，「くらし重視」，「人づくり」，「新社会システム創造」
福岡県広報紙（誌） 「F97発信・ふくおか県」，QUARTERLY ISSUE FUKUOKA
福岡県ホームページアドレス http://www.pref.fukuoka.jp/
福岡県立図書館 〒812-0053 福岡市東区箱崎1-41-12 ☎092-641-1123
参考資料 ●農林水産業に関連する文化的景観の保護に関する調査研究報告　文化庁文化財部記念物課

誇れる郷土ガイド―全国47都道府県の誇れる景観編― 41佐賀県　　　　人と自然と文化の交響県・佐賀

佐賀県〈肥　前〉
Saga Prefecture

面積　2,439km²　**人口**　88万人（2003年9月現在）
県庁所在地　佐賀市（人口　17.1万人）
構成市町村数　49（7市37町5村）
気象　年平均気温　　　16.6℃
　　　　年快晴日数　45日　年間日照時間　2,020時間
　　　　年降水日数　100日　年間降水量　2,352mm
土地利用　森林　45.2%，農用地　23.6%
　　　　　　宅地　6.7%，道路　5.6%
　　　　　　水面・河川・水路　5.0%

県名の由来：
洲処の転化，険，嵯峨などの諸説がある。

県の花：クスの花
県の木：クスノキ
県の鳥：カササギ

県章
円形は協和を意味し，1つの力より3つの力で「三カ（さか）」える姿と「三カ（さが）」を表現する。

吉野ヶ里遺跡（三田川町・神崎町）

虹の松原（唐津市）

シンボル
- 吉野ヶ里遺跡
- 有明海
- むつごろう
- 有田焼

自然景観
山岳高原　背振山，黒髪山，天山，八幡岳，大野原高原
峠　三瀬峠，小栗峠
河川　筑後川，松浦川，嘉瀬川，六角川，塩田川
湖沼池　北山湖
湿地湿原　樫原湿原，有明海，筑紫平野の河川・水路など，星賀塩生湿地，イロハ島一帯，伊万里湾，東松浦半島北部（小川島，神集島を含む）沿岸
渓谷滝　川上峡，雄淵雌淵渓谷，竜門峡，清水の滝，見帰りの滝，観音の滝，御手洗の滝，男滝，轟の滝
海湾岬　有明海，玄界灘，唐津湾，伊万里湾，波戸岬，虹の松原，杉の原，七ツ釜，多々良海岸，日本海
半島　東松浦，北松浦
島　神集島，高島，加部島，小川島，加唐島，松島，馬渡島，向島，いろは島
温泉　嬉野温泉，武雄温泉，玄海温泉，野田温泉，玄海温泉，川上峡温泉，佐里温泉など
動物　ムツゴロウ，カササギ（カチガラス），カブトガニ，エツ，ヤマノカミ，アカショウビン，サンコウチョウ，源氏ボタル
植物　ボタン，藤，花菖蒲，ツツジ，アジサイ，シャクナゲ，シチメンソウ，コスモス

佐賀県屋外広告物条例
昭和39年10月8日
条例第43号

人と自然と文化の交響県・佐賀　　　　41佐賀県　誇れる郷土ガイド－全国47都道府県の誇れる景観編－

国立公園・国定公園
玄海国定公園

国指定の特別名勝・名勝
九年庵（旧伊丹氏別邸）庭園

農業景観
蕨野の棚田（東松浦郡相知町），江里山の棚田（小城町），浜野浦の棚田（玄海町），岳の棚田（西松浦郡西有田町），大浦の棚田（肥前町），有明海西岸のミカン園（太良町）

森林景観
佐賀平野東部のハゼノキ（中原町）

河川景観・池沼景観・湖沼景観・水路景観
桃川の馬ン頭（伊万里市），蛇行する六角川と直線水路（大町町）

集落関連景観
鹿島の草葺きの農家集落（鹿島市）

習俗・行事などによって現われる景観
かんこ踊（杵島郡山内町）

伝統的産業や生活を示す文化財の周辺の景観
石井樋及び多布施川（佐賀市・大和町）

複合景観
佐賀平野の掘割（佐賀平野の堀割を活かした姉川城跡，佐賀平野の堀割でのヒシ実採り，直鳥城跡），有明海（有明海の漁撈景観，有明海の干拓）

伝統的建造物群保存地区
有田町有田内山（伝統的建造物群保存地区・製磁町）

全国的な百選など
未来に残したい日本の自然百選　虹の松原，黒髪山
日本の白砂青松百選　虹ノ松原（唐津市）
農村景観百選　東背振村（下石動），小城町（江里山），呼子町（加部島）
日本の棚田百選　蕨野の棚田（相知町），大浦の棚田（肥前町），浜野浦の棚田（玄海町），岳の棚田（西有田町），江里山の棚田（小城町），西の谷の棚田（富士町）
かおり風景百選　虹の松原潮のかおり（唐津市・浜玉町），伊万里焼土と炎のかおり（伊万里市）
歴史の道百選　肥前・筑前街道～脊振坂越，太閤road，唐津街道
残したい日本の音風景百選　唐津くんちの曳山囃子，伊万里の焼物の音
21世紀に残したい日本の風景　虹の松原，佐賀インターナショナルバルーンフェスタ，有明海
日本の道百選　虹の松原（唐津市ほか），町道山南川良原線（有田町）
日本の滝百選　観音の滝（七山村），見帰りの滝（相知町）
日本の渚百選　虹の松原（唐津市，浜玉町），波戸岬海岸（鎮西町）
日本遺産・百選　吉野ヶ里

佐賀県行政データ
県庁所在地　〒840-8570　佐賀市城内1-1-59　☎0952-24-2111
　　　　　　　土木部まちづくり推進課
県東京事務所　〒102-0093　千代田区平河町2-6-3　都道府県会館11F　☎03-5212-9073
その他国内外事務所　大阪，名古屋，香港
長期総合計画　計画名『佐賀県総合計画』　　目標年次　2010年度
　　　　　　　基本目標　夢・輝く「人財"有"県生活"悠"県」のさがづくり
佐賀県広報紙（誌）　「県民だより・Zanza」，「さがほっと情報」，季刊「ZanZa」
佐賀県ホームページアドレス　http://www.pref.saga.jp/
佐賀県立図書館　〒840-0041　佐賀市城内2-1-41　☎0952-24-2900
参考資料　●佐賀県のすがた　佐賀県統計課
　　　　　　●農林水産業に関連する文化的景観の保護に関する調査研究報告　文化庁文化財部記念物課

佐賀県

シンクタンクせとうち総合研究機構　発行

長崎県 〈壱岐 対馬 肥前〉

Nagasaki Prefecture

- 面積　4,091km²
- 人口　152万人（2003年9月現在）
- 県庁所在地　長崎市（人口　42.3万人）
- 構成市町村数　79（8市 70町 1村）
- 気象　年平均気温　17.3℃
  - 年快晴日数　43日　年間日照時間　1,958時間
  - 年降水日数　100日　年間降水量　2,109mm
- 土地利用　森林　59.4％，農地　13.2％
  - 宅地　5.5％，道路　3.9％
  - 水面河川水路　1.4％，原野　0.7％

県名の由来： 岬が長く突き出た土地を表す。

- 県の花：雲仙ツツジ
- 県の木：ヒノキ・ツバキ
- 県の鳥：オシドリ
- 県の獣：九州シカ

県章
長崎県の「N」と平和の象徴ハトをデザインし、未来へ力強く前進する県の姿を表現。

大浦天主堂（長崎市）

対馬　浅茅湾

シンボル
- ハウステンボス

自然景観

山岳高原　経ヶ岳, 温泉岳, 多良岳, 雲仙岳, 平成新山（雲仙・普賢岳）, 白木峰高原

峠　仁田峠, 川内峠

河川　本明川, 浦上川

湿地湿原　有明海, 志々伎湾, 平戸海峡, 南九十九島周辺沿岸, 壱岐島の河川, 壱岐島石影浦, 対馬渓流域, 対馬・浅茅湾および網浦, 対馬・田ノ浜, 七ツ釜鍾乳洞の地下水系, 神代川, 島原半島南部沿岸, 平尾免地先沿岸

渓谷滝　轟の滝, つがね落しの滝, 龍王の滝

洞穴・鍾乳洞　七ツ釜鍾乳洞

海湾岬　千々岩海岸, 浅茅湾, 大村湾, 橘湾, 長崎湾, 有明海, 玄海灘, 五島灘, 天草灘, 東海, 黄海, 日本海

半島　島原半島, 西彼杵半島, 北松浦半島, 長崎半島

島　対馬, 五島列島, 福江島, 中通島, 平戸島, 端島, 阿値賀島, 壱岐, 出島（人工島）, 九十九島, 伊王島

温泉　雲仙温泉, 小浜温泉, 島原温泉, 田の浦温泉, 千里ヶ浜温泉など

動物　ツシマヤマネコ, ツシマジカ, ツシマサンショウウオ

植物　桜, つつじ, スイセン, ハナショウブ, ミヤマキリシマ, シロドウダン, ハマユウ

長崎県美しいまちづくり推進条例
長崎県条例第3号
平成15年3月17日

長崎県美しいまちづくり推進計画

長崎県屋外広告物条例
昭和39年
長崎県条例第60号

育てよう長崎　咲かせよう夢　　　　42長崎県　誇れる郷土ガイド－全国47都道府県の誇れる景観編－

国立公園・国定公園
雲仙天草国立公園，西海国立公園，壱岐対馬国定公園，玄海国定公園

国指定の特別名勝・名勝
旧円融寺庭園，石田城五島氏庭園

農業景観
小浜町の棚田（小浜町），日向の棚田（川棚町），大中尾棚田（外海町），鬼木棚田（波佐見町），大瀬戸町の柳の防風垣（西彼杵郡大瀬戸町），三井楽町の円畑（三井楽町），南串山町の段々畑（南串山町），愛野町のジャガイモ畑（南高来郡愛野町）

森林景観
赤坊の谷（東彼杵郡東彼杵町）

漁場景観・漁港景観・海浜景観
諫早湾のすくい漁場（北高来郡高来町）

河川景観・池沼景観・湖沼景観・水路景観
四ツ池・三井木場堤アーチ式堤防（東彼杵郡東彼杵町）

伝統的建造物群保存地区
長崎市東山手（伝統的建造物群保存地区・港町），長崎市南山手（伝統的建造物群保存地区・港町）

全国的な百選など
未来に残したい日本の自然百選　多良岳，千々石海岸
日本の白砂青松百選　野田浜（加津佐町），千々石海岸（千々石町），筒城浜（石田町）
農村景観百選　古浜町（木指），厳原町（椎根）
日本の棚田百選　鬼木棚田（波佐見町），土谷棚田（福島町），日向の棚田（川棚町），大中尾棚田（外海町），谷水（南有馬町），清水棚田（千々岩町）
かおり風景百選　野母崎水仙の里公園と潮（野母崎町）
歴史の道百選　長崎街道～日見峠越・井樋尾峠越
残したい日本の音風景百選　山王神社被爆の楠の木
都市景観百選　長崎市東山手地区・南山手地区景観形成地区，長崎市中島川・寺町地区
21世紀に残したい日本の風景　長崎の夜景，九十九島，有明海，雲仙
日本の道百選　オランダ坂（長崎市），国道384号線（玉之浦町ほか）
日本の渚百選　高浜海水浴場（野母崎町），筒城浜（石田町），三宇田浜（上対馬町），高浜（三井楽町）
日本の灯台50選　大瀬埼灯台，女島灯台
日本遺産・百選　長崎・教会群

長崎県行政データ
県庁所在地　〒850-8570　長崎市江戸町2-13　☎095-824-1111
　都心整備室　☎095-820-0687
県東京事務所　〒102-0093　千代田区平河町2-6-3　都道府県会館14F　☎03-5212-9025
その他国内外事務所　大阪，上海，ソウル
長崎県地域振興部観光課　〒850-0057　長崎県長崎市大黒町3-1 交通産業ビル2F　☎095-822-9690
長期総合計画　計画名『長崎県長期総合計画』　目標年次　2010年度
　　　　　　　　基本理念　「豊かな地域力を活かし，自立・共生する長崎づくり」
長崎県広報紙（誌）　「県民だよりNAGASAKI 21」，「NEWながさき」，「ながさきタイムズ」，
　　　　　　　　　　　「NAGASAKI NOW」，「よか！余暇！ながさき」
長崎県ホームページアドレス　http://www.pref.nagasaki.jp/
長崎県立長崎図書館　〒850-0007　長崎市立山1-1-51　☎095-826-5257
参考資料　●魅力ある県土の形成をめざして－美しいまちづくり推進施策のあらまし－　長崎県
　　　　　　●農林水産業に関連する文化的景観の保護に関する調査研究報告　文化庁文化財部記念物課

シンクタンクせとうち総合研究機構　発行

熊本県 〈肥後〉
Kumamoto Prefecture

面積　7,403km²　人口　187万人（2003年9月現在）
県庁所在地　熊本市（人口　66.1万人）
構成市町村数　90（11市63町16村）
気象　年平均気温　　　17.0℃
　　　年快晴日数　39日　年間日照時間　2,102時間
　　　年降水日数　106日　年間降水量　2,395㎜
土地利用　森林　62.2%，農用地　12.0%
　　　　　宅地　4.7%，道路　3.2%
　　　　　水面・河川　2.7%，原野　0.1%

県名の由来：
隈本を加藤清正が熊本に改称。

県章
熊本県の「ク」を図案化し、九州をかたどったもので、中央の白い円は熊本県を表わす。伸びゆく県勢を表現。

県の花：リンドウ
県の木：クスノキ
県の鳥：ヒバリ
県の魚：クルマエビ

シンボル
- 阿蘇山
- 熊本城

自然景観
山岳高原　阿蘇山，市房山，白髪岳，草千里，大観峰，瀬の本高原
峠　二重峠，久七峠，小栗峠，高森峠，日ノ尾峠，湯山峠
河川　筑後川，球磨川，緑川，白川，菊池川
湖沼池　江津湖
湿地湿原　有明海，志津川，江津湖・上江津湖水系，菊池川・白川・緑川河口，不知火干潟周辺，球磨川河口，天草・大矢野島周辺沿岸，天草灘通詞島周辺沿岸，苓北町富岡地先沿岸，天草牛深（片島，大島，桑島）周辺沿岸
渓谷滝　菊池渓谷，岳間渓谷，マゼノ渓谷，蘇陽峡，万江渓谷，せんだん轟の滝，五老ヶ滝
洞穴・鍾乳洞　球泉洞
海湾岬　天草灘，八代海，湯の児海岸，妙見浦，有明海
気象現象　神秘の炎 不知火（旧暦8月1日（8月下旬〜9月上旬）の夜）
半島　宇土天草
島　天草下島，天草上島，天草松島，竜仙島（片島）
温泉　阿蘇内牧温泉，杖立温泉，日奈久温泉，栃木温泉，山鹿温泉，不知火温泉，火の鳥温泉など
動物　牛，オオウナギ，ムツゴロウ，トビハゼ
植物　梅，しゃくやく，はなしょうぶ，さざんか，あさがお，きく，つばき，つつじ，ヒゴタイ

熊本県景観条例
昭和62年3月16日
条例第7号

熊本県景観審議会

熊本県屋外広告物条例
昭和41年
熊本県条例第41号

阿蘇山

肥後の石橋群　通潤橋（矢部町）

ゆたかさ多彩 生活創造 くまもと　　　43熊本県　誇れる郷土ガイド－全国47都道府県の誇れる景観編－

国立公園・国定公園
阿蘇くじゅう国立公園，雲仙天草国立公園，耶馬日田英彦山国定公園，九州中央山地国定公園

国指定の特別名勝・名勝
水前寺成趣園，妙見浦，千厳山および高舞登山，六郎次山，妙見浦，竜仙島，竜ヶ岳，旧熊本藩八代城主浜御茶屋（松浜軒）庭園

農業景観
八代干拓の景観（八代郡竜北町）

森林景観
菊池川とハゼ並木（玉名市）

水路景観
宇土の轟水源と水道（宇土市）

わが国の代表的な伝統的産業や生活を示す文化財の周辺の景観
緑川流域石橋群（上益城郡矢部町・中央町）

複合景観
有明海（荒尾市，玉名市，宇土市），崎津（天草郡河浦町），阿蘇（阿蘇郡西原村，阿蘇町，久木野村）

新熊本百景
❶わらべ唄のふるさと・せんば界隈 ❷熊本城 ❸三の宮神社と国際民藝館 ❹川尻精霊流しと酒蔵通り ❺江津湖と水前寺の四季 ❻くまもと春の植木市 ❼宮崎兄弟生家 ❽高瀬裏川公園 ❾げんやま展望公園 ❿八次峠 ⓫江田船山古墳群と古墳祭り ⓬田中城址と戦国肥後国衆まつり ⓭大津山 ⓮新塘の松林と金魚と鯉の郷 ⓯八千座と豊前街道まちなみ ⓰不動岩 ⓱岳間渓谷 ⓲番所の家並みと彼岸花 ⓳岩原古墳群と県立装飾古墳館 ⓴西南の役古戦場・田原坂 ㉑菊池渓谷 ㉒鞍岳と四季の里・旭志 ㉓瀬田裏峠からの熊本平野の眺望 ㉔大津街道杉並木 ㉕竹迫城跡公園 ㉖カントリーパークと植木祭り ㉗弁天山 ㉘阿蘇の火まつり ㉙仙酔峡とアゼリア21 ㉚阿蘇神社 ㉛大観峰 ㉜阿蘇神社鏡守の杜と眼鏡橋 ㉝二重峠の石畳 ㉞荻岳からの大パノラマ ㉟伊藤蘇大橋と数鹿流ケ滝 ㊱坂本善三美術館と鉾納社 ㊲瀬の本高原 ㊳押戸石の丘 ㊴うぶやま牧場と九重連山 ㊵月廻り公園から見た景観 ㊶南阿蘇国民休暇村 高森温泉館から見た根子岳 ㊷草部吉見神社（日本三大下り宮）㊸蘇陽峡とそよ風パーク ㊹城ヶ岳から見た阿蘇五岳 ㊺白川水源と白水温泉「瑠璃」㊻漱漢山とアスペクタ ㊼俵山からの南阿蘇 ㊽吉無田高原 ㊾嘉島の湧水群 ㊿津志田河川自然公園 ㉛御輿来海岸の干潟模様 ㉜三角西港 ㉝松合白壁土蔵の街並み ㊴塚原古墳公園 ㊵舞鶴女珠堂と舞踊集落 ㊶日本一の石段と釈迦院 ㊷霊台橋と緑川ダム ㊸鵜の子滝周辺 ㊹通潤橋と八朔祭り ㊺緑仙峡 ㊻清和文楽邑 ㊼八代城跡と松浜軒 ㊽万葉史跡・水島 ㊾立神峡 ㊿石匠館と石橋群 ㉛矢山岳 ㉜湯の児温泉と不知火海 ㉝御立岬公園 ㉞不知火海の打たせ船 ㉟彫刻のある街並み と重盤岩 ㊱鹿目の滝 ㊲人吉城跡 ㊳大平渓谷 ㊴谷水薬師周辺 ㊵白髪岳 ㊶大野鉄道とおかどめ幸福駅 ㊷青蓮寺阿弥陀堂 ㊸城泉寺 ㊹市房山とさくらの里 ㊺高山山頂から見た球磨盆地 ㊻清流川辺川と雨宮神社 ㊼子守り唄の里と白岩戸白滝 ㊽球磨川の鵜飼倒しと球泉洞・森林館 ㊾殉教公園と天草切支丹館 ㊿町山口川と祇園橋 ㊵遥見山展望台からの牛深ハイヤ大橋 ㊶大観山からのパノラマ ㊷天草五橋と松島 ㊸老岳山頂からの展望 ㊹白嶽からの眺望 ㊺竜ヶ岳山頂と天文台 ㊻鳥仲からの展望 ㊼倉岳と日本一の大えびす像 ㊽楊貴妃伝説残る竜洞山 ㊾通詞島とイルカウォッチング ㊿富岡城跡と巴崎 ㊵妙見ヶ浦・十三仏公園 ㊶大江天主堂 ㊷羊角湾と崎津天主堂（チャペルの鐘展望公園）㊸産島・女岳海岸の眺望

全国的な百選など
未来に残したい日本の自然百選	市房山，江津湖
日本の白砂青松百選	有明海岸松並木（荒尾市），天草松島（松島町），白鶴ヶ浜（天草町）
農村景観百選	阿蘇町（小野田），矢部町（白糸）
日本の棚田百選	扇棚田（産山村），日光の棚田（坂本村），天神木場の棚田，美生の棚田（東陽村），大作山の千枚田（球磨村），静棚活創棚田・番所（菊鹿町），鬼の口棚田，松谷棚田（球磨村），寒川地区棚田（水俣市），峰棚田，菅迫田（矢部町）
歴史の道百選	豊後街道，豊前街道，薩摩・肥後街道，菊池川水運
残したい日本の音風景百選	通潤橋の放水，五和の海のイルカ　　都市景観百選　熊本市熊本城周辺地区
21世紀に残したい日本の風景	阿蘇山，有明海，天草，熊本城
日本の道百選	大津街道（菊陽町ほか），天草パールライン（松島町ほか）
日本の滝百選	四十三万滝（菊池市），栴檀轟の滝（泉村），数鹿流ヶ滝（長陽村），鹿目の滝（人吉市）
日本の渚百選	キリシタンの里崎津（河浦町），白鶴浜・妙見ヶ浜（天草町），有明海・砂干潟（宇土市）
日本遺産・百選	阿蘇山，石橋群

熊本県行政データ
県庁所在地	〒862-8570　熊本市水前寺6-18-1　☎096-383-1111
	土木部都市計画課景観整備室　☎096-383-1461
県東京事務所	〒102-0093　千代田区平河町2-6-3　都道府県会館10F　☎03-5212-9084
その他国内外事務所	大阪，名古屋，福岡，ソウル，韓国忠清南道太田市，米国モンタナ州ヘレナ市
長期総合計画	計画名『熊本県総合計画　パートナーシップ21くまもと』　目標年次　2010年
	基本目標　「創造にあふれ，「生命が脈うつ」　くまもと」
熊本県広報紙（誌）	「NEWS Fromくまもと」，「彩り」，「くまもとテーブル」，「フォトくまもと」
熊本県ホームページアドレス	http://www.kings.co.jp/kumamoto-pref/
熊本県立図書館	〒860-0007　熊本市古京町3-2　☎096-324-3500
参考資料	●農林水産業に関連する文化的景観の保護に関する調査研究報告　文化庁文化財部記念物課

シンクタンクせとうち総合研究機構　発行

誇れる郷土ガイド－全国47都道府県の誇れる景観編－ 44大分県　　Let's Love Oita

大分県 〈豊前　豊後〉
Oita Prefecture

面積　6,338km²　人口　123万人（2003年9月現在）
県庁所在地　大分市（人口　43.8万人）
構成市町村数　58（11市36町11村）
気象　年平均気温　　　　16.5℃
　　　年快晴日数　43日　年間日照時間　2,081時間
　　　年降水日数　99日　年間降水量　1,749mm
土地利用　－

県名の由来：
大きな田、或は、河川によって地形が様々に分けられた土地の意。

県の花：ブンゴウメ
県の木：ブンゴウメ
県の鳥：メジロ

県　章
大分県の「大」を円形にデザインし、県民の融和と県勢の発展を表徴したもの。

別府地獄（別府市）
海地獄

臼杵石仏（臼杵市）

シンボル
● 久住山

自然景観

山岳高原　中岳、黒岳、久住山、大船山、祖母山、万年山、由布岳、鶴見岳、城島高原、飯田高原
峠　牧ノ戸峠、鉾立峠、三国峠、竹原峠、水分峠
河川　山国川、大分川、大野川、番匠川、玖珠川、駅館川、大山川、三隈川
湖沼池　山下池、小倉の池、小田の池、志高湖、蜂の巣湖
渓谷滝　耶馬渓、裏耶馬渓、九酔渓、犬江釜峡、兵戸渓谷、原尻の滝、東椎屋の滝、白水の滝
洞穴・鍾乳洞　稲積水中鍾乳洞、風連鍾乳洞、小半鍾乳洞
海湾岬　黒ヶ浜、元猿海岸、別府湾、佐伯湾、周防灘、豊後水道、豊予海峡、瀬戸内海、太平洋
海峡　豊予海峡
半島　国東半島、鶴見半島
島　姫島、屋形島、黒島、津久見島、地無垢島、保戸島、大入島、大島、深島、高島
温泉　別府温泉、鉄輪温泉、明礬温泉、日田温泉、阿蘇野温泉、由布院温泉、湯平温泉、竜門温泉、天ヶ瀬温泉、深耶馬渓温泉、安心院温泉
動物　サル、オオサンショウウオ、ニホンカモシカ、ニホンザル、ニホンツキノワグマ、シラサギ、オオムラサキ、海猫
植物　梅、サクラ、チューリップ、ツツジ、シャクナゲ、ハナショウブ、ミヤマキリシマ、大スギ、ブンゴボダイジュ

大分県沿道の景観保全等に関する条例
条例第13号　昭和63年3月30日

大分県沿道景観保全審議会

大分県屋外広告物条例
昭和39年7月7日
条例第71号

シンクタンクせとうち総合研究機構　発行

Let's Love Oita　　　　44大分県　誇れる郷土ガイド－全国47都道府県の誇れる景観編－

国立公園・国定公園
阿蘇くじゅう国立公園，瀬戸内海国立公園，日豊海岸国定公園，祖母傾国定公園，耶馬日田英彦山国定公園

国指定の特別名勝・名勝
耶馬渓

農業景観
両合棚田（院内町），軸丸の棚田（緒方町），山浦早水の棚田（玖珠町），田染荘荘園村落遺跡（豊後高田市），米水津村のシシ垣（米水津村），蒲江町のシシ垣（南海部郡蒲江町），鶴見町のシシ垣（南海部郡鶴見町）

森林景観
櫛来のシイタケホダ場（東国東郡国見町）

集落関連景観
安心院町の農村集落と鏝絵（安心院町），傾山系と上畑集落（緒方町），木野台地の防風の生垣（緒方町）

伝統的産業や生活を示す文化財の周辺の景観
院内町石橋群（宇佐郡院内町），緒方町の石橋群（大野郡緒方町）

複合景観
別府（扇山・十文字原一帯の野焼き，別府の湯けむり），久住山（久住高原の松並木，久住山・久住高原、久住の野焼き，久住祭りの山車，久住山・大船山・黒岳の山々）

全国的な百選など
未来に残したい日本の自然百選　文殊仙寺の自然林，黒岳
日本の白砂青松百選　奈多海岸（杵築市），波当津海岸（蒲江町）
農村景観百選　緒方町（上自在）
日本の棚田百選　由布川奥詰（挾間町），内成棚田（別府市），軸丸北（緒方町），山浦早水（玖珠町），両合棚田（院内町），羽高棚田（山国町）
かおり風景百選　別府八湯の湯けむり（別府市），大分野津原香りの森（野津原町），臼杵・竹田の城下町のカボス（臼杵市・竹田市），くじゅう四季の草原，野焼きのかおり（久住町・九重町）
歴史の道百選　日田・中津街道，日田・竹田道
残したい日本の音風景百選　小鹿田皿山の唐臼，岡城跡の松籟
都市景観百選　臼杵市臼杵地区
21世紀に残したい日本の風景　別府の湯けむり，三隈川，由布院
日本の道百選　市道山際線（佐伯市），北滝ロマン道路（久住町）
日本の滝百選　東椎屋の滝（安心院町），原尻の滝（緒方町），震動の滝（九重町），西椎屋の滝（玖珠町）
日本の渚百選　元猿海岸（蒲江町），黒ヶ浜（佐賀関町）
日本の灯台50選　水ノ子島灯台
日本遺産・百選　瀬戸内海，宇佐・国東，別府・温泉地獄群

大分県行政データ
県庁所在地　〒870-8501　大分市大手町3-1-1　☎097-536-1111　土木建築部都市計画課
県東京事務所　〒102-0093　千代田区平河町2-6-3　都道府県会館7F　☎03-5212-9113
その他国内外事務所　大阪，名古屋，福岡
長期総合計画　計画名『おおいた新世紀創造計画』　目標年次 2010年度　基本目標　～21世紀の生活優県をめざして～
大分県広報紙（誌）　「広報おおいた」，「NEOOITA」
大分県ホームページアドレス　とよのくに　http://www2.pref.oita.jp/
豊の国大分へようこそ　http://www.pref.oita.jp/10400/toyo_info/index.html
大分県立図書館　〒870-0000　大分市大字駄原587-1　☎097-546-9972
参考資料　●農林水産業に関連する文化的景観の保護に関する調査研究報告　文化庁文化財部記念物課

大分県

シンクタンクせとうち総合研究機構　発行

宮崎県〈日　向〉

Miyazaki Prefecture

- 面積　7,734km²　人口　118万人（2003年9月現在）
- 県庁所在地　宮崎市（人口　30.4万人）
- 構成市町村数　44（9市 28町 7村）
- 気象　年平均気温　　　17.3℃
  - 年快晴日数　46日　年間日照時間　2,210時間
  - 年降水日数　123日　年間降水量　2,069㎜
- 土地利用　森林　76.3％、農地　9.2％
  - 宅地　3.4％、道路　3.0％
  - 水面・河川・水路　2.9％

県名の由来：
宮前の意味で、神武天皇の宮所があったという伝承がある。

- 県の花：ハマユウ
- 県の木：フェニックス、ヤマザクラ、オビスギ
- 県の鳥：コシジロヤマドリ

県章
県の古名「日向」の文字をデザインし、「日」を中心に「向」が三方に伸び、躍進する県の姿を表現する。

シンボル
- 宮崎県総合運動公園

自然景観
- **山岳高原**　韓国岳、祖母山、霧島山、傾山、市房山、高千穂峰、国見岳、白岩山、尾鈴山、えびの高原、生駒高原、矢岳高原、大崩山、鏡山、わにつか山
- **峠**　堀切峠、湯山峠、矢立峠
- **河川**　五ヶ瀬川、一ツ瀬川、大淀川、川内川、切原川
- **湖沼池**　御池、大浪池
- **湿地湿原**　御池、一ノ瀬川河口、家田（エダ）・川坂湿原、門川湾・御鉾ヶ浦（細島港）、島浦島周辺沿岸、宮崎市周辺の砂浜海岸、五ヶ瀬川、祝子（ホオリ）川、北川の感潮域、日南市～南郷町ため池群、大淀川水系岩瀬川オオヨドカワゴロモ自生地、宮崎市湧水地帯のオオイタサンショウウオ生息地、青島周辺沿岸、本城川河口～千野川河口、都井岬周辺沿岸、栄松地先沿岸
- **渓谷滝**　高千穂峡、加江田渓谷、関之尾滝、綾川渓谷、浜の瀬渓谷、祝子川渓谷、矢研の滝、行藤の滝、真名井の滝、玉垂れの滝
- **海湾岬**　都井岬、馬ヶ瀬、小倉ヶ浜、日向岬、日南海岸、日豊海岸、日向灘、太平洋
- **半島**　大隅半島
- **島**　青島、島浦島、幸島、美々津御舟出の地
- **温泉**　京町温泉郷、日南温泉、北郷温泉、えびの高原温泉、白鳥温泉、吉田温泉など
- **動物**　猿、野生馬
- **植物**　サボテン、ポインセチア、ハイビスカス、サルスベリ、ハマユウ、コバノセンナ、ミヤマキリシマ、コスモス

宮崎県沿道修景美化条例
条例第13号
昭和44年4月1日

宮崎県屋外広告物条例
平成5年3月30日
条例第13号

綾の照葉樹林帯（綾町）
照葉大吊橋

都井の野生馬（串間市）

45宮崎県 誇れる郷土ガイド－全国47都道府県の誇れる景観編－

国立公園・国定公園
霧島屋久国立公園，日南海岸国定公園，祖母傾国定公園，日豊海岸国定公園，九州中央山地国定公園

国指定の特別名勝・名勝
五箇瀬川峡谷(高千穂峡谷)，妙国寺庭園，比叡山および矢筈岳，尾鈴山瀑布群

農業景観
春の平棚田（西米良村），向江棚田（西米良村），酒谷の棚田（日南市），戸川の石垣の村（西臼杵郡日之影町），都井岬（串間市）

草地景観
都井岬（串間市）

森林景観
諸塚村のモザイク林相（東臼杵郡諸塚村）

集落関連景観
椎葉村の猪狩り（東臼杵郡椎葉村）

古来より芸術の題材や創造の背景となってきた景観
小倉ヶ浜（日向市）

伝統的建造物群保存地区
日南市飫肥（伝統的建造物群保存地区・武家町），日向市美々津（伝統的建造物群保存地区・港町）

全国的な百選など

未来に残したい日本の自然百選 綾渓谷の照葉樹林，祝子川渓谷
日本の白砂青松百選 伊勢ヶ浜・小倉ヶ浜（日向市），住吉海岸（宮崎市）
農村景観百選 国富町（高田原），西郷村（峰），日之影町（戸川）
日本の棚田百選 真幸棚田（えびの市），尾戸の口《神々の里》，栃又，徳別当（高千穂町），石垣の村（日之影町），鳥の巣，下の原，日蔭（五ヶ瀬町），坂元棚田（日南市），向江棚田，春の平棚田（西米良村）
かおり風景百選 五ヶ瀬川の鮎焼き（延岡市）
歴史の道百選 飫肥街道
残したい日本の音風景百選 三之宮峡の櫓の轟（小林市），えびの高原の野生鹿（えびの市）
都市景観百選 宮崎市一葉リゾート地区
21世紀に残したい日本の風景 日南海岸，霧島山，高千穂峡，青島
日本の道百選 日南フェニックスロード（宮崎市），橘公園通り（宮崎市）
日本の滝百選 関之尾滝（都城市），矢研の滝（都農町），行藤の滝（延岡市），真名井の滝（高千穂町）
日本の渚百選 日南海岸（宮崎市，串間市），日豊海岸・小倉ヶ浜（日向市）
日本の灯台50選 都井岬灯台
日本遺産・百選 日南・青島，霧島山

宮崎県行政データ

県庁所在地 〒880-8501 宮崎市橘通東2-10-1 ☎0985-24-1111
　土木部都市計画課 ☎0985-26-7192
県東京事務所 〒102-0093 千代田区平河町2-6-3 都道府県会館15F ☎03-5212-9007
その他国内外事務所 大阪，名古屋，福岡
長期総合計画 計画名 『第五次宮崎県総合長期計画』（みやざき21世紀デザイン） 目標年次 2010年度
　基本目標 人と地域が輝く豊かなみやざき新時代〜さらなる挑戦と参画
宮崎県広報紙（誌） 「県広報みやざき」
宮崎県ホームページアドレス http://www.pref.miyazaki.jp/
ようこそ！みやざきへ（リゾート情報） http://www.pref.miyazaki.jp/resort/index.htm
宮崎県立図書館 〒880-0031 宮崎市船塚3-210-1 ☎0985-29-2911
参考資料 ● 宮崎県都市景観形成調査報告書 宮崎県
　　　　　● 農林水産業に関連する文化的景観の保護に関する調査研究報告 文化庁文化財記念物課

誇れる郷土ガイドー全国47都道府県の誇れる景観編ー　46鹿児島県　　　　南のきらめき 躍動かごしま

鹿児島県 〈薩摩　大隅〉
Kagoshima Prefecture

面積　9,186k㎡　　人口　178万人（2003年9月現在）
県庁所在地　鹿児島市（人口　55.2万人）
構成市町村数　96（14市73町 9村）
気候　年平均気温　　　18.7℃
　　　年快晴日数　46日　年間日照時間　2,053時間
　　　年降水日数　109日　年間降水量　1,826㎜
土地利用　ー

県名の由来：険しい島、火島など、火山の噴火に因む諸説がある。

県の花：ミヤマキリシマ
県の木：クス・カイコウズ
県の鳥：ルリカケス

世界遺産：屋久島

県章
「風」と「波」をモチーフに、鹿児島の「K」をデザインし、未来をめざす、飛躍的な鹿児島県を表現する。

シンボル
- 桜島
- 開聞岳（薩摩富士）
- 錦江湾

自然景観
山岳高原　稲尾岳、海底火山、開聞岳、冠岳、霧島連山、金峰山、栗野岳、桜島、紫尾山、高隈山系、永田岳、宮之浦岳、湯湾岳、えびの高原
峠　久七峠
河川　天降川、安楽川、雄川、神之川、肝属川、甲突川、川内川、菱田川、万之瀬川、役勝川
湖沼池　池田湖、藺牟田池、鰻池、大隅湖、大浪池、なまこ池
湿地湿原　屋久島西部海岸、屋久島栗生塚崎、栗生川、屋久島花之江河周辺、奄美大島南部の渓流域、勝浦川下流域の農業用水系
渓谷滝　猿ヶ城渓谷、新川渓谷、新湯渓谷、高隈渓谷、犬飼の滝、大川の滝、神山大滝、千尋滝、千里ノ滝、曽木の滝、丸尾の滝、龍門滝
洞穴・鍾乳洞　昇竜洞、水蓮洞
海湾岬　佐多岬、長崎鼻、坊ノ岬、門倉岬、吹上浜、長目の浜、大浜海浜公園、錦江湾、鹿児島湾、太平洋、東シナ海
半島　薩摩半島、大隅半島
島　奄美大島、硫黄島・黒島・竹島、宇治・草垣群島、沖永良部島、喜界島、甑島、獅子島、諏訪之瀬島、種子島、トカラ列島、徳之島、中ノ島、屋久島、与論島
動物　アカウミガメ、アカヒゲ、アマミノクロウサギ、アマミトゲネズミ、出水のツル、オーストンオオアカゲラ、オオトラツグミ、ケナガネズミ、薩摩鶏、トカラウマ、トカラハブ、トビウオ、ハブ、マゲシカ、ヤクザル
植物　アコウ、アダン、カイコウズ、ガジュマル、クスノキ、桜島大根、シャクナゲ、ソテツ、ハイビスカス、ビロウ、フリージア、マングローブ、ミヤマキリシマ、屋久杉

鹿児島県景観形成基本計画
平成10年3月制定

鹿児島県屋外広告物条例
昭和39年10月5日
条例第83号

桜島（鹿児島市）

屋久島
宮之浦岳

96　　　　　　　　　　　　　　　　　　　シンクタンクせとうち総合研究機構　発行

いっきに南へ！ ぐるっと鹿児島　　46鹿児島県　誇れる郷土ガイド－全国47都道府県の誇れる景観編－

国立公園・国定公園
霧島屋久国立公園，雲仙天草国立公園，日南海岸国定公園，奄美群島国定公園

国指定の特別名勝・名勝
知覧麓庭園，仙厳園附花倉御仮屋庭園，坊津

農業景観
打詰の初穂田（佐多町），幸田の棚田（栗野町），玉虫野の茶園と竹尾ヶ尾（加世田市），金見のソテツ群と畑（大島郡徳之島町），小湊集落と畑地のソテツ（名瀬市），沖永良部島のタイモ畑（大島郡知名町）

草地景観
頴娃野の放牧場（頴娃町）

漁業景観
出水のケタ打瀬漁（出水市），竜郷町の垣漁（大島郡竜郷町）

水路景観
川原園井堰の柴かけ（肝属郡串良町）

集落関連景観
垂水の漁村と櫻島（垂水市），トンボロ（里村）

古来より信仰や行楽の対象となってきた景観
開聞岳（揖宿郡開聞町）

習俗・行事などによって現われる景観
祁答院の田の神祭り（祁答院町），種子島宝満神社の御田植え祭り（南種子町）

複合景観
霧島連山（持松の棚田，霧島連山）

伝統的建造物群保存地区
出水市出水麓（伝統的建造物群保存地区・武家町），知覧町知覧（伝統的建造物群保存地区・武家町）

全国的な百選など
未来に残したい日本の自然百選　高隈山の照葉樹林，屋久島の自然林
日本の白砂青松百選　吹上浜（加世田市・市来町・東市来町・吹上町ほか），くにの松原（高山町・東串良町・大崎町）
農村景観百選　喜界町（蒲生）
日本の棚田百選　内之尾（入来町），佃（頴娃町），くりの町幸田の棚田（栗野町）
かおり風景百選　屋久島の照葉樹林と鯖節（上屋久町），指宿知林ヶ島の潮風（指宿市）
歴史の道百選　東目筋
残したい日本の音風景百選　出水のツル（出水市），千頭川の渓流とトロッコ（屋久町）
都市景観百選　知覧町上郡地区
21世紀に残したい日本の風景　桜島，霧島山，屋久島
日本の道百選　武家屋敷通り（知覧町），国道223号線（霧島町）
日本の滝百選　龍門滝（加治木町），大川の滝（屋久町）
日本の渚百選　吹上浜（吹上町），大浜海浜公園（名瀬市）
日本の灯台50選　佐多岬灯台
日本遺産・百選　霧島山，フランシスコ・ザビエル上陸記念碑，屋久島，奄美諸島

鹿児島県行政データ
県庁所在地	〒890-8577　鹿児島市鴨池新町10-1　☎099-286-2111　土木部都市計画課
県東京事務所	〒102-0093　千代田区平河町2-6-3　都道府県会館12F　☎03-5212-9060
その他国内外事務所	大阪，名古屋，福岡
長期総合計画	計画名　21世紀新かごしま総合計画　　目標年次　2010年度
	基本理念　『共生ネットワークで築く　心豊かで活力あふれる「かごしま」』
鹿児島県広報紙（誌）	「グラフかごしま」，「かごしまNOW」，「県政かわら版」
鹿児島県ホームページアドレス	http://chukakunet.pref.kagoshima.jp
鹿児島県立図書館	〒892-0853　鹿児島市城山町5-1　☎099-224-9511
参考資料	●鹿児島県環境白書
	●農林水産業に関連する文化的景観の保護に関する調査研究報告　文化庁文化財部記念物課

シンクタンクせとうち総合研究機構　発行

沖縄県 〈琉球王国〉
Okinawa Prefecture

- 面積　2,267km²　人口　134万人（2003年9月現在）
- 県庁所在地　那覇市（人口　30.2万人）
- 構成市町村数　52（11市17町24村）
- 気象　年平均気温　23.0℃
  - 年快晴日数　13日　年間日照時間　1,875時間
  - 年降水日数　107日　年間降水量　2,018mm
- 土地利用　森林　45.6%、農用地　20.6%
  - 宅地　6.2%、道路　4.4%
  - 水面・河川・水路　1.3%、原野　0.1%

県名の由来：
沖魚場、浮縄など漁業と関係した諸説がある。

- 県の花：デイゴ
- 県の木：琉球マツ
- 県の鳥：ノグチゲラ
- 県の魚：たかさご（グルクン）

世界遺産：
琉球王国のグスク及び関連遺産群

県章
外円は海洋、白い部分は沖縄の「O」で、人の和を。中央の円は発展を表現する。海洋・平和・発展のシンボル。

シンボル
- 首里城公園
- シーサー

首里城公園（那覇市）

赤瓦葺き民家（竹富町）

自然景観
- **山岳丘陵**　八重山・摩文仁ノ丘
- **河川**　比謝川、浦内川、仲間川
- **湿地湿原**　漫湖、網張、喜如嘉、塩屋湾、与那覇湾、億首川流域、ヤンバル河川群、沖縄本島東沿岸（辺野古～漢那）、大浦湾および大浦川、アミスガー・ハマサ、残波岬地先沿岸、中城湾、具志干潟～大嶺岬周辺沿岸、久米島の渓流・湿地、八重干瀬、宮古島中北部の湿地、宮古島の洞窟群と湧泉群、伊良部島の入江、川平湾、白保海岸とその沿岸、西表島山地水域および平地部天然陸水域、仲間川、小浜島（細崎-アカヤ崎）、浦内川
- **渓谷滝**　マリユドの滝
- **洞穴・鍾乳洞**　玉泉洞
- **海湾岬**　金武湾、名護湾、大浦湾、中城湾、名蔵湾、川平湾、崎山湾、太平洋、東シナ海
- **鍾乳洞**　竜宮城鍾乳洞、玉泉洞
- **島**　沖縄本島、西表島、石垣島、宮古島、与那国島、久米島、竹富島、慶良間諸島
- **動物**　マンタ（巨大エイ）、アホウドリ、カンムリワシ、ノグチゲラ、イリオモテヤマネコ、ヤンバルクイナ、鯨
- **植物**　ヤエヤマヤシ、アダン、デイゴ、マングローブ、ガジュマル、サボテン、テッポウユリ、イタジイ

沖縄県景観形成条例
平成6年10月20日
沖縄県条例第34号

沖縄県景観形成審議会

沖縄県屋外広告物条例
昭和50年4月7日
条例第28号

めんそーれ沖縄　47沖縄県　誇れる郷土ガイド－全国47都道府県の誇れる景観編－

国立公園・国定公園
西表国立公園，沖縄海岸国定公園，沖縄戦跡国定公園

国指定の特別名勝・名勝
川平湾及び於茂登岳，石垣氏庭園，宮良殿内庭園，識名園，伊江殿内庭園

漁業景観
小浜島の海垣（八重山郡竹富町）

集落関連景観
祖納集落（八重山郡与那国町）

新おきなわ観光名所100選（琉球新報社）
沖縄本島　北部地域　辺戸岬，茅打ちバンタ，比地大滝，塩屋湾，村民の森つつじ園，慶佐次マングローブ林，今帰仁城跡，仲原馬場，乙羽岳からの眺望，国営沖縄記念公園，備瀬の福木並木，八重岳，森羅館，名護自然動植物公園，名護城跡公園，嵐山展望台，多野岳，万座毛，西海岸ビーチ群，真栄田岬，恩納村，琉球村，漢那ダム，ウッカガー（金武大川），観音寺，**中部地域**　屋慶名海峡と展望台，伊計ビーチ，勝連城跡，安慶名闘牛場，野鳥の森自然公園，東南植物楽園，沖縄子供の国，中央パークアベニュー，座喜味城跡，残波岬，南海王国「琉球の風」，サンセットビーチ，中村家，中城城跡，森の川，普天間宮洞穴，嘉数高台公園，宜野湾海浜公園一帯，浦添市美術館，**県都**　首里城，マチグァーとその周辺，国際通り，福州園，金城町石畳，ヤチムンの里壺屋，識名園，沖縄県立博物館，**南部地域**　旧海軍司令部壕，豊見城址公園，戦跡国定公園地域，ひめゆりパーク，玉泉洞，新原ビーチ，斎場御嶽，佐敷町の景観，大里城跡公園，**本島周辺離島**　米崎，念頭平松，くまや洞穴，陸ギタラと海ギタラ，伊是名城跡，城山（グスクヤマ），ワジー（湧出），ニィヤティヤ洞（千人洞），リリーフィールド，ウーグの浜，村内を包むフクギ並木，東の浜，奥武島の畳石，ハテノ浜，宮納島，上江洲家，五枝の松，具志川城跡，**慶良間諸島**　阿波連ビーチ，高月山展望台，古座間味ビーチ，沖縄海岸国定公園，**大東諸島**　大東宮，星野洞，**宮古諸島**　池間大橋，砂山ビーチ，上野村ドイツ文化村，東平安名岬，保良川ビーチ，イムギャーマリン公園，与那覇前浜ビーチ，フク木並木，八重山遠見台，通り池，**八重山諸島**　川平湾，玉取崎展望台，御神崎，竹富島の町並み，由布島の水牛車，仲間川のマングローブ，サキシマスオウの木，浦内川マリュドゥの滝，西表国立公園，波照間島星空観測タワー，西崎，立神岩

全国的な百選など
未来に残したい日本の自然百選　八重岳，石垣島・川平湾，西表島
さくら名所百選　名護城公園
農村景観百選　伊平屋村（我喜屋），竹富町（大竹），竹富町（竹富）
かおり風景百選　竹富島の海と花のかおり（竹富町）
歴史の道百選　国頭・中頭方西海道
残したい日本の音風景百選　後良川周辺の亜熱帯林の生き物，エイサー
都市景観百選　那覇市首里城周辺地区
21世紀に残したい日本の風景　サンゴ礁の海
日本の道百選　市道金城2号（那覇市），県道黒島港線（竹富町黒島）
水の郷百選　島尻郡玉城村
水源の森百選　大川の森（国頭村）
日本の滝百選　マリュドゥの滝（竹富町西表）
日本の渚百選　二見ヶ浦海岸（伊是名村），イーフ（仲里村），佐和田の浜（伊良部町）
日本の灯台50選　平安名埼灯台
日本遺産・百選　琉球王国のグスク及び関連遺産群（玉陵，園比屋武御嶽石門，今帰仁城跡，座喜味城跡，勝連城跡，中城城跡，首里城，識名園，斎場御嶽），沖縄の珊瑚礁，西表島・竹富島，琉球舞踊・組踊り

沖縄県行政データ
県庁所在地	〒900-8570　那覇市泉崎1-2-2　☎098-866-2333　都市建築部都市計画課　☎098-866-2408
県東京事務所	〒102-0093　千代田区平河町2-6-3　都道府県会館10F　☎03-5212-9087
その他国内外事務所	札幌，大阪，名古屋，福岡
長期総合計画	計画名　沖縄振興推進計画
沖縄県広報紙（誌）	「美ら島　沖縄」
沖縄県ホームページアドレス	http://www.pref.okinawa.jp/index-j.html
琉球文化アーカイブ	http:/museum.mm.pref.okinawa.jp/
沖縄県立図書館	〒902-0064　那覇市寄宮1-2-16　☎098-834-1218
沖縄県立宮古分館	〒906-0007　平良市東仲宗根42　☎09807-2-2317
沖縄県立八重山図書館	〒907-0004　石垣市字登野城74-2　☎09808-2-2145
参考資料	● 快適で魅力ある沖縄の景観をつくるために　沖縄県景観形成条例のあらまし　沖縄県 ● 沖縄県公共建築物景観形成マニュアル　沖縄県土木建築部技術管理室編　沖縄県土木建築部 ● 那覇の景観資源　那覇市 ● 沖縄の景観：今後の展開にむけて／沖縄景観研究会編著　沖縄建設弘済会 ● 農林水産業に関連する文化的景観の保護に関する調査研究報告　文化庁文化財部記念物課

シンクタンクせとうち総合研究機構　発行

わが国の多様な景観

能登の千枚田
(石川県)

国立公園・国定公園

2003年1月1日現在

都道府県	国　立　公　園（28か所）	国　定　公　園（55か所）
北　海　道	利尻礼文サロベツ　知床　阿寒　釧路湿原　大雪山　支笏洞爺	暑寒別天売焼尻　網走　ニセコ積丹小樽海岸　日高山脈襟裳　大沼
青　森　県	十和田八幡平	津軽　下北半島
岩　手　県	陸中海岸　十和田八幡平	栗駒　早池峰
宮　城　県	陸中海岸	蔵王　栗駒　南三陸金華山
秋　田　県	十和田八幡平	男鹿　鳥海　栗駒
山　形　県	磐梯朝日	鳥海　蔵王　栗駒
福　島　県	磐梯朝日　日光	越後三山只見
茨　城　県	ー	水郷筑波
栃　木　県	日光	宇都宮　益子自然公園
群　馬　県	日光　上信越高原	妙義荒船佐久高原
埼　玉　県	秩父多摩甲斐	ー
千　葉　県	ー	南房総　水郷筑波
東　京　都	秩父多摩甲斐　小笠原　富士箱根伊豆	明治の森高尾
神奈川県	富士箱根伊豆	丹沢大山
新　潟　県	磐梯朝日　上信越高原　中部山岳　日光	佐渡弥彦米山　越後三山只見
富　山　県	中部山岳　白山	能登半島
石　川　県	白山	能登半島　越前加賀海岸
福　井　県	白山	越前加賀海岸　若狭湾
山　梨　県	富士箱根伊豆　南アルプス　秩父多摩甲斐	八ヶ岳中信高原
長　野　県	中部山岳　上信越高原　秩父多摩甲斐	八ヶ岳中信高原　天竜奥三河　妙義荒船佐久高原
岐　阜　県	南アルプス	揖斐関ケ原養老　飛騨木曽川
静　岡　県	中部山岳　白山	天竜奥三河
愛　知　県	富士箱根伊豆　南アルプス	三河湾　飛騨木曾川　天竜奥三河　愛知高原鈴鹿　室生赤目青山
三　重　県	ー	原鈴鹿　室生赤目青山
滋　賀　県	伊勢志摩　吉野熊野	琵琶湖　鈴鹿
京　都　府	ー	若狭湾　琵琶湖
大　阪　府	山陰海岸	明治の森箕面　金剛生駒紀泉
兵　庫　県	ー	氷ノ山後山那岐山
奈　良　県	瀬戸内海　山陰海岸　吉野熊野	金剛生駒紀泉　高野龍神　室生赤目青目　大和青垣高野龍神
和歌山県	吉野熊野　瀬戸内海	氷ノ山後山那岐山　比婆道後帝釈
鳥　取　県	大山隠岐　山陰海岸	比婆道後帝釈　西中国山地
島　根　県	大山隠岐	氷ノ山後山那岐山
岡　山　県	瀬戸内海　大山隠岐	比婆道後帝釈　西中国山地
広　島　県	瀬戸内海	秋吉台　北長門海岸　西中国山地
山　口　県	瀬戸内海	剣山，室戸阿南海岸
徳　島　県	瀬戸内海	ー
香　川　県	瀬戸内海	石鎚
愛　媛　県	瀬戸内海　足摺宇和海	室戸阿南海岸　剣山　石鎚
高　知　県	足摺宇和海	玄海，北九州　邪馬日田英彦山
福　岡　県	瀬戸内海	玄海
佐　賀　県	ー	壱岐対馬　玄海
長　崎　県	雲仙天草　西海	邪馬日田英彦山　九州中央山地
熊　本　県	阿蘇くじゅう　雲仙天草	日豊海岸　祖母傾　邪馬日田英彦山
大　分　県	阿蘇くじゅう　瀬戸内海	日南海岸　祖母傾　日豊海岸，九州中央山地
宮　崎　県	霧島屋久	日南海岸　奄美群島
鹿児島県	霧島屋久　雲仙天草	沖縄海岸　沖縄戦跡　西表
沖　縄　県		

誇れる郷土ガイド－全国47都道府県の誇れる景観編－　わが国の多様な景観

国指定の特別名勝・名勝

2003年1月1日現在

都道府県	特別名勝 29件		名勝 285件（名勝の件数は，特別名勝を含む）	
北　海　道	−	−	2	天都山
青　森　県	−	十和田湖および奥入瀬渓流＊	5	仏宇多（仏ヶ浦），瑞楽園，種差海岸ほか
岩　手　県	1	毛越寺庭園	6	猊鼻渓，碁石海岸，珊瑚島，厳美渓ほか
宮　城　県	1	松島	3	秋保大滝，磐司，旧有備館および庭園
秋　田　県	−	十和田湖および奥入瀬渓流＊	2	奈曽の白瀑谷，檜木内川堤（サクラ）
山　形　県	−	−	6	金峰山，山寺，酒井氏庭園ほか
福　島　県	−	−	2	会津松平氏庭園，須賀川の牡丹園
茨　城　県	−	−	1	常盤公園，桜川（サクラ）
栃　木　県	−	−	1	華厳滝および中宮祠湖（中禅寺湖）湖畔
群　馬　県	−	−	5	吾妻峡，妙義山，楽山園，三波石峡＊ほか
埼　玉　県	−	−	1	長瀞，三波石峡＊
千　葉　県	−	−	1	高梨氏庭園
東　京　都	2	旧浜離宮庭園，六義園	5	旧芝離宮庭園，向島百花園ほか
神　奈　川　県	−	−	3	建長寺庭園，円覚寺庭園，瑞泉寺庭園
新　潟　県	−	−	4	佐渡小木海岸，佐渡海府海岸，清津峡ほか
富　山　県	1	黒部峡谷	2	黒部峡谷附猿飛ならびに奥鐘山
石　川　県	1	兼六園	7	白米の千枚田，那谷寺庫裡庭園ほか
福　井　県	1	一乗谷朝倉氏庭園	13	気比の松原，三方五湖，東尋坊ほか
山　梨　県	1	富士山＊，御岳昇仙峡	6	猿橋，恵林寺庭園，向嶽寺庭園
長　野　県	1	上高地	5	姨捨（田毎の月），寝覚の床，天竜峡ほか
岐　阜　県	−	−	4	霞間ヶ渓，鬼岩，永保寺庭園，木曽川＊ほか
静　岡　県	−	富士山＊	8	三保松原，白糸ノ滝，日本平，楽寿園ほか
愛　知　県	−	−	4	名古屋城二ノ丸庭園，木曽川＊ほか
三　重　県	−	瀞八丁＊	6	熊野の鬼ヶ城附獅子岩，赤目の峡谷ほか
滋　賀　県	−	−	20	延暦寺坂本里坊庭園，竹生島ほか
京　都　府	11	天橋立，西芳寺庭園ほか	39	嵐山，御室（サクラ）ほか
大　阪　府	−	−	4	箕面山，南宗寺庭園，竜泉寺庭園ほか
兵　庫　県	−	−	7	慶野松原，香住海岸，安養院庭園ほか
奈　良　県	−	瀞八丁＊	8	平城京，吉野山，月瀬梅林，奈良公園ほか
和　歌　山　県	−	瀞八丁＊	7	和歌山城西之丸庭園，那智大滝ほか
鳥　取　県	−	−	5	三徳山，浦富海岸，小鹿渓ほか
島　根　県	−	−	11	鬼舌震，万福寺庭園ほか
岡　山　県	1	岡山後楽園	12	下津井鷲羽山，頼久寺庭園ほか
広　島　県	1	三段峡	7	縮景園，鞆公園，浄土寺庭園，帝釈峡ほか
山　口　県	−	−	10	錦帯橋，毛利氏庭園ほか
徳　島　県	−	−	3	鳴門，阿波国分寺庭園ほか
香　川　県	1	栗林公園	4	象頭山，神懸山（寒霞渓）ほか
愛　媛　県	−	−	10	波止浜，面河渓，大三島，志島ヶ原ほか
高　知　県	−	−	2	入野松原，室戸岬
福　岡　県	−	−	5	松濤園，清水寺本坊庭園，戸島氏庭園ほか
佐　賀　県	1	虹の松原	2	九年庵（旧伊丹氏別邸）庭園
長　崎　県	1	温泉岳	3	旧円融寺庭園，石田城五島氏庭園
熊　本　県	−	−	6	水前寺成趣園，妙見浦ほか
大　分　県	−	−	1	耶馬渓
宮　崎　県	−	−	4	五箇瀬川峡谷（高千穂峡谷），妙国寺庭園ほか
鹿　児　島　県	−	−	3	知覧麓庭園，仙厳園附花倉御仮屋庭園ほか
沖　縄　県	1	識名園	5	川平湾及び於茂登岳，石垣氏庭園ほか
二県以上	3	十和田湖〜＊，富士山＊，瀞八丁＊	5	三波石峡＊，木曾川＊

（注）●二県以上にまたがるものは，各県の欄に＊にて表記。

シンクタンクせとうち総合研究機構　発行

水田景観

都道府県	名　　称
岩手県	骨寺村荘園遺跡（一関市）
千葉県	千葉の谷津田（千葉市），大山千枚田（鴨川市）
新潟県	満願寺の稲架木並木（新津市），夏井の稲架木並木（西蒲原郡岩室村），松之山の棚田（東頸城郡松之山町），山古志の棚田（古志郡山古志村），上船倉の棚田（東頸城郡安塚町）
石川県	白米の千枚田（輪島市）
長野県	姨捨の棚田（更埴市）
岐阜県	坂折の棚田（恵那市）
静岡県	大栗安の棚田（天竜市）
愛知県	四谷の千枚田（南設楽郡鳳来町）
三重県	丸山千枚田（南牟婁郡紀和町）
滋賀県	湖北の条里集落（長浜市）
京都府	新井の千枚田（与謝郡伊根町）
大阪府	長谷の棚田（豊能郡能勢町）
奈良県	神奈備の郷（高市郡明日香村），桜井市の条里水田（桜井市）
和歌山県	蘭島（有田郡清水町）
島根県	都川の棚田（那賀郡旭町），中垣内の棚田（益田市）
岡山県	上山の千枚田（英田郡英田町）
広島県	たたら鉄穴流しと金屋子神（双三郡君田村）
香川県	丸亀の条里地割（丸亀市）
愛媛県	城川町の茶堂と山村（東宇和郡城川町）
高知県	神在居の千枚田（高岡郡梼原町）
福岡県	星野村の棚田（八女郡星野村），つづら棚田（浮羽郡浮羽町）
佐賀県	蕨野の棚田（東松浦郡相知町），岳の棚田（西松浦郡西有田町）
熊本県	八代干拓の景観（八代郡竜北町）
大分県	田染荘荘園村落遺跡（豊後高田市）
宮崎県	酒谷の棚田（日南市），戸川の石垣の村（西臼杵郡日之影町）

草地景観

都道府県	名　　称
北海道	牧場と日高山脈の山並み（三石郡三石町）
岩手県	小岩井農場（岩手郡雫石町）
富山県	平村の茅場と茅刈り風景（東砺波郡平村）
長野県	牧の入茅場（北安曇郡小谷村），北御牧の野馬除け跡（北佐久郡北御牧村）
静岡県	大室山（伊東市，朝霧高原の牧草地（富士宮市）
岡山県	蒜山高原（真庭郡八束村・川上村）
山口県	角島の放牧（豊浦郡豊北町）
宮崎県	都井岬（串間市）

（出所）各都道府県資料

わが国の多様な景観

畑地景観

都道府県	名　　称
北　海　道	美瑛の丘陵（上川郡美瑛町）
青　森　県	津軽の林檎畑（北津軽郡板柳町）
山　形　県	田川の赤カブ栽培と焼き畑（鶴岡市）
福　島　県	矢ノ原高原の蕎麦畑（大沼郡昭和村）
埼　玉　県	入間の茶畑（入間市），安行の植木（川口市）
千　葉　県	坂本のはす田（長生郡長南町）
東　京　都	上山の椿（大島郡大島町）
富　山　県	福岡町の菅田と菅干（西礪波郡福岡町）
福　井　県	越廼村の水仙畑（丹生郡越廼村）
山　梨　県	勝沼の葡萄畑（東山梨郡勝沼町）
静　岡　県	牧之原大茶園（小笠郡菊川町）
三　重　県	二木島町・御浜町のシシ垣（熊野市）
滋　賀　県	近江のシシ垣（高島郡高島町）
大　阪　府	駒ヶ谷地区の葡萄畑（羽曳野市）
和歌山県	湯浅町の果樹園の段々畑（有田郡湯浅町）
広　島　県	重井の除虫菊畑（因島市），鹿島の段々畑（安芸郡倉橋町）
山　口　県	秋吉台のドリーネ畑（美弥郡美東町）
徳　島　県	木頭柚の生産地（那賀郡木頭村），美郷の梅林（麻植郡美郷村），高開の石積み段々畑（麻植郡美郷村）
愛　媛　県	白い石積の段々畑と宇和海（東宇和郡明浜町），伊方町の柑橘の段々畑と防風林（西宇和郡伊方町），五郎・若宮の畑の境木（大洲市）
長　崎　県	大瀬戸町の柳の防風垣（西彼杵郡大瀬戸町），愛野町のジャガイモ畑（南高来郡愛野町）
大　分　県	蒲江町のシシ垣（南海部郡蒲江町），鶴見町のシシ垣（南海部郡鶴見町）
鹿児島県	金見のソテツ群と畑（大島郡徳之島町），小湊集落と畑地のソテツ（名瀬市），沖永良部島のタイモ畑（大島郡知名町）

森林景観

都道府県	名　　称
青　森　県	車力村の海岸防災林（西津軽郡車力村），七里長浜の防砂林（北津軽郡市浦村）
秋　田　県	矢立峠の秋田杉林（大館市）
京　都　府	北山杉の林業景観（京都市・北桑田郡京北町）
奈　良　県	吉野杉の林業景観（吉野郡川上村）
高　知　県	魚梁瀬の林業景観（安芸郡馬路村）
熊　本　県	菊池川とハゼ並木（玉名市）

誇れる郷土ガイド－全国47都道府県の誇れる景観編－　わが国の多様な景観

わが国の多様な景観

漁場景観・漁港景観・海浜景観

都道府県	名　　称
北 海 道	別海町の打瀬船（野付郡別海町）
茨 城 県	赤見台碁石浦の鵜捕り場（多賀郡十王町）
千 葉 県	富津の海苔養殖（富津市）
富 山 県	大敷網（氷見市）
三 重 県	伊勢湾松阪沖の海苔ひび（松阪市）
兵 庫 県	成ヶ島と由良湾（洲本市）
広 島 県	アビ渡来群遊海面（豊田郡豊浜町）
鹿児島県	出水のケタ打瀬漁（出水市），竜郷町の垣漁（大島郡竜郷町）
沖 縄 県	小浜島の海垣（八重山郡竹富町）

河川景観・池沼景観．湖沼景観・水路景観

都道府県	名　　称
青 森 県	十三湖の景観（北津軽郡市浦村），中里町の冬の葦原（北津軽郡中里町）
宮 城 県	小山田川の箕堰（栗原郡瀬峰町）
秋 田 県	山本町のじゅんさい採り（山本郡山本町）
兵 庫 県	稲美町のため池群（加古郡稲美町）
島 根 県	神西湖のシジミ漁など漁撈風景（簸川郡湖陵町）
山 口 県	松本川のしろ魚漁（萩市）
熊 本 県	宇土の轟水源と水道（宇土市）
鹿児島県	川原園井堰の柴かけ（肝属郡串良町）

集落に関連する景観

都道府県	名　　称
岩 手 県	胆沢扇状地の散村景観（胆沢郡胆沢町）
山 形 県	飯豊の散居集落（西置賜郡飯豊町）
栃 木 県	大谷石の景観（宇都宮市）
群 馬 県	那須集落の段々畑と石垣（甘楽郡甘楽町）
千 葉 県	佐原市の水郷の水田と集落（佐原市），鋸山採石場跡（富津市），富浦町の真木の生垣（安房郡富浦町）
石 川 県	東谷地区の集落（江沼郡山中町）
山 梨 県	松里のコロガキを干す集落（塩山市）
長 野 県	安曇野の田園風景（南安曇郡三郷村）
愛 媛 県	外泊の石垣集落（南宇和郡西海町）
高 知 県	立川の楮・三椏蒸し（長岡郡大豊町），椿の生垣集落（土佐清水市）

106　　　　　　　　　　　　　　　　　　シンクタンクせとうち総合研究機構　発行

古来より信仰や行楽の対象となってきた景観

都道府県	名　称
鹿児島県	開聞岳（揖宿郡開聞町）

古来より芸術の題材や創造の背景となってきた景観

都道府県	名　称
福　島　県	松川浦（相馬市）

独特の気象によって現われる景観

都道府県	名　称
岩　手　県	黒崎のやませ（下閉伊郡普代村・九戸郡野田村）
福　島　県	飯豊連邦の寝牛と白馬の雪形（耶麻郡山都町）

伝統的産業や生活を示す文化財の周辺の景観

都道府県	名　称
千　葉　県	西広堰（市原市）
京　都　府	木津川の流れ橋（八幡市）
兵　庫　県	蓼川井堰（城崎郡日高町）
福　岡　県	山田堰（朝倉郡朝倉町）
佐　賀　県	石井樋及び多布施川（佐賀市・大和町）
熊　本　県	緑川流域石橋群（上益城郡矢部町・中央町）
大　分　県	院内町石橋群（宇佐郡院内町），緒方町の石橋群（大野郡緒方町）

誇れる郷土ガイド―全国47都道府県の誇れる景観編―　わが国の多様な景観

複合景観

都道府県	名称
北 海 道	十勝平野，富良野盆地，襟裳岬
青 森 県	下北半島のヒバ林
岩 手 県	宮沢賢治に関連する文化的景観，遠野
宮 城 県	－
秋 田 県	八郎潟
山 形 県	庄内平野，最上川
福 島 県	安積疏水
茨 城 県	霞ヶ浦
栃 木 県	渡良瀬遊水地，那須疏水
群 馬 県	渡良瀬遊水地
埼 玉 県	三富新田，野火止用水
千 葉 県	－
東 京 都	野火止用水
神 奈 川 県	－
新 潟 県	－
富 山 県	砺波平野の散村，黒部川扇状地
石 川 県	灘浦，手取川
福 井 県	－
山 梨 県	－
長 野 県	諏訪湖，千曲川
岐 阜 県	輪中，長良川
静 岡 県	伊豆のわさび田，浜名湖，駿河湾の桜えび漁
愛 知 県	－
三 重 県	輪中
滋 賀 県	琵琶湖
京 都 府	－
大 阪 府	二上山
兵 庫 県	円山川
奈 良 県	二上山
和 歌 山 県	－
鳥 取 県	智頭の杉林
島 根 県	出雲平野の築地松の散村集落，隠岐，江の川，宍道湖
岡 山 県	児島湾，牛窓湾
広 島 県	－
山 口 県	油谷町，見島
徳 島 県	－
香 川 県	満濃池
愛 媛 県	水ヶ浦，肱川，四国カルスト，簗川，佐田岬半島
高 知 県	四万十川
福 岡 県	柳川
佐 賀 県	佐賀平野の掘割（クリーク），有明海
長 崎 県	－
熊 本 県	有明海，崎津，阿蘇
大 分 県	別府，久住山
宮 崎 県	－
鹿 児 島 県	－
沖 縄 県	－

シンクタンクせとうち総合研究機構　発行

日本の白砂青松百選

都道府県	名称
北海道	襟裳岬，砂坂海岸
青森県	屏風山保安林，淋代海岸，種差海岸，野牛浜
岩手県	浄土ヶ浜，根浜海岸，碁石海岸，高田松原
宮城県	御伊勢浜，神割崎，小泉海岸，松島町
秋田県	能代海岸砂防林，西目海岸
山形県	庄内海岸砂防林
福島県	松川浦，新舞子浜，天神浜
茨城県	五浦海岸，鵜の岬海岸，村松海岸，大洗海岸
栃木県	－
群馬県	－
埼玉県	－
千葉県	富津岬，平砂浦海岸，東条海岸，九十九里海岸，磯の松原
東京都	松山海岸，式根松島
神奈川県	湘南海岸，真鶴半島
新潟県	護国神社周辺の海岸，お幕場
富山県	古志の松原，松田江の長浜
石川県	増穂浦海岸，千里浜・安部屋海岸，安宅海岸，加賀海岸
福井県	気比の松原，美浜の根上りの松群
山梨県	－
長野県	－
岐阜県	－
静岡県	弓ヶ浜 静岡県 南伊豆町湊
愛知県	千本松原，三保の松原，遠州大砂丘
三重県	鼓ヶ浦，七里御浜
滋賀県	雄松崎，湖西の松林
京都府	天橋立，浜詰海岸，掛津海岸
大阪府	二色の浜公園
兵庫県	須磨海浜公園・須磨浦公園，県立高砂海浜公園，浜坂県民サンビーチ，慶野松原，大浜公園，吹上の浜
奈良県	－
和歌山県	煙樹海岸
鳥取県	浦富海岸，弓ヶ浜
島根県	島根半島海中公園，浜田海岸，屋那の松原，春日の松群
岡山県	渋川海岸
広島県	桂浜，包ヶ浦海岸
山口県	室積・虹ヶ浜海岸
徳島県	大里松原
香川県	白鳥神社の松原，津田の松原，観音寺松原
愛媛県	志島ヶ原海岸
高知県	琴ヶ浜，種崎千松公園，小室の浜
福岡県	三里松原，さつき松原，海の中道，生の松原，幣の松原
佐賀県	虹ノ松原
長崎県	野田浜，千々石海岸，筒城浜
熊本県	有明海岸松並木，天草松島，白鶴ヶ浜
大分県	奈多海岸，波当津海岸
宮崎県	伊勢ヶ浜・小倉ヶ浜，住吉海岸
鹿児島県	吹上浜，くにの松原
沖縄県	－

シンクタンクせとうち総合研究機構　発行

美しい日本のむら景観100選（農村景観百選）

都道府県	名　　称
北　海　道	富良野市（麓郷），東町（東川），美瑛町（美瑛），清里町（清里），中標津町（北開陽）
青　森　県	岩木市（宮地），尾上村（八幡崎），南郷村（泥障作）
岩　手　県	丹沢（南都田）
宮　城　県	蔵王町（蔵王）
秋　田　県	仁賀保町（伊勢居地），尾利町（南由利原），東成瀬村（岩井川）
山　形　県	長井市（平野），南陽市（赤湯），金山町（金山）
福　島　県	大玉村（小姓内），新地町（中島），鹿島村（南屋形）
茨　城　県	水府村（御所内）
栃　木　県	－
群　馬　県	館林市（多々良）
埼　玉　県	本庄市（都島），久喜市（所久喜），蓮田市（上平野）
千　葉　県	大多喜町（上原）
東　京　都	青梅市（今寺，藤橋）
神　奈　川　県	相模原市（田名），伊勢原市（小易）
新　潟　県	岩室村（夏井），津南町（結東），高柳町（荻ノ島）
富　山　県	平村（相倉）
石　川　県	小松市（日用）
福　井　県	宮崎村（宮崎），越前町（梨小ヶ平）
山　梨　県	都留市（十日市場），上九一色村（富士ヶ嶺），忍野村（内野）
長　野　県	富士見町（立沢）
岐　阜　県	加子母村（小郷），白川村（萩町）
静　岡　県	富士宮市（西富士），湖西市（山口），菊川町（富田）
愛　知　県	安城市（明治用水）
三　重　県	御浜町（阿田和）
滋　賀　県	五個荘町（金堂），甲良町（下之郷）
京　都　府	京都市（北嵯峨），亀岡市（千歳），丹後町（袖志）
大　阪　府	能勢町（大里）
兵　庫　県	－
奈　良　県	明日香村（稲渕）
和　歌　山　県	桃山町（元），かつらぎ町（四郷），清水町（西原）
鳥　取　県	東郷町（東郷池），岸本町（大原千町），淀川町（高井谷）
島　根　県	井斐川町（黒目）
岡　山　県	総社市（三須作山）
広　島　県	東広島市（吉川），戸河内町（寺領）
山　口　県	田布施町（砂田），平生町（名切），むつみ町（伏馬）
徳　島　県	日和佐町（赤松）
香　川　県	豊浜町（豊浜）
愛　媛　県	宇和島市（遊子），中山町（栃谷），中山町（高岡），内子町（石畳）
高　知　県	椿原町（神在居）
福　岡　県	苅田町（等覚寺）
佐　賀　県	東背振村（下石動），小城町（江里山），呼子町（加部島）
長　崎　県	古浜町（木指），厳原町（椎根）
熊　本　県	阿蘇町（小野田），矢部町（白糸）
大　分　県	緒方町（上自在）
宮　崎　県	国富町（高田原），西郷村（峰），日之影町（戸川）
鹿　児　島　県	喜界町（蒲生）
沖　縄　県	伊平屋村（我喜屋），竹富町（大富），竹富町（竹富）

日本の棚田百選

都道府県	名称
北海道	－
青森県	－
岩手県	大東町山吹
宮城県	丸森町沢尻,栗駒町西山
秋田県	－
山形県	朝日町椹平,山辺町大蕨,大蔵村四ヶ村
福島県	－
茨城県	－
栃木県	茂木町石畑,烏山町国見
群馬県	－
埼玉県	－
千葉県	鴨川市大山
東京都	－
神奈川県	－
新潟県	安塚町上船倉,松之山町狐塚,大島村蓮野,高柳町梨ノ木,花坂,大開,下田村北五百川
富山県	氷見市長坂,八尾町三乗
石川県	津幡町奥山田,富来町大笹波,輪島市白米
福井県	越前町梨子ヶ平,高浜町日引
山梨県	－
長野県	小諸市宇坪入,上田市稲倉,東部町姫子沢,滝の沢,飯田市よこね,八坂村重太郎,白馬村青鬼,大岡村慶師沖,根越沖,原田沖,更埴市姨捨,信州新町塩本,中条村田沢沖,栃倉,大西,飯山市福島
岐阜県	白鳥村正ヶ洞,八百津町上代田,恵那市坂折,上宝村田頃家,久々野町ナカイ田
静岡県	引佐町久留女木,天竜市大栗安,天城湯ヶ島町荒原,戸田村北山
愛知県	鳳来町四谷,設楽町長江
三重県	紀和町丸山,飯南町深野,亀山市坂本
滋賀県	高島町畑
京都府	大江町毛原,丹後町袖志
大阪府	千早赤阪村下赤阪,能勢町長谷
兵庫県	加美町岩座神,佐用町乙大木谷,美方町うへ山,村岡町西ヶ岡
奈良県	明日香村稲渕
和歌山県	清水町あらぎ島
鳥取県	岩美町横尾,若桜町つく米
島根県	益田市中垣内,大東町山王寺,横田町大原,羽須美村神谷,旭町都川,三隅町室谷,柿木村大井谷
岡山県	久米南町北庄,上籾,旭町小山,中央町大垪和西
広島県	筒賀村井仁
山口県	油谷町東後畑
徳島県	上勝町樫原,井川町下影
香川県	池田町中山
愛媛県	五十崎町泉谷,城川町堂の坂,松野町奥内
高知県	梼原町神在居
福岡県	星野村広内・上原,浮羽町つづら,甘木市白川,宝珠山村竹
佐賀県	相知町蕨野,肥前町大浦,玄海町浜野浦,西有田町岳,小城町江里山,富士町西の谷
長崎県	波佐見町鬼木,福島町土谷,川棚町日向,外海町大中尾,南有馬町谷水,千々石町清水
熊本県	産山村扇,坂本村日光,天陽村天神木場,美生,龍ヶ岳町大作山,菊鹿町番所,球磨村松谷,鬼の口,水俣市寒川,矢部町菅,峰
大分県	挾間町由布川奥詰,別府市内成,緒方町軸丸北,玖珠町山浦早水,院内町両合,山国町羽高
宮崎県	えびの市真幸,高千穂町栃又,尾戸の口,徳別当,日之影町石垣の村,五ヶ瀬町鳥の巣,下の原,日蔭,日南市坂元,西米良村向江,春の平
鹿児島県	入来町内之尾,頴娃町佃,栗野町幸田
沖縄県	－

歴史の道百選

都道府県	名　　　称
北海道	福山街道
青森県	奥州街道～簑ケ坂・長坂・高山越，羽州街道～矢立峠越
岩手県	鹿角・南部街道～梨ノ木峠越，生保内・雫石街道～国見峠越
宮城県	出羽仙台街道～中山峠・山刀伐峠越，陸奥上街道，羽州街道～金山峠越，貞山堀運河
秋田県	羽州街道～矢立峠越，鹿角・南部街道～梨ノ木峠越，生保内・雫石街道～国見峠越，北国街道～三崎山越
山形県	出羽仙台街道～中山峠・山刀伐峠越，羽州街道～金山峠越，米沢・福島街道～板谷峠越，万世大路～栗子峠越，越後・米沢街道～黒沢峠・大里峠・鷹ノ巣峠越，出羽三山登拝道
福島県	米沢・福島街道～板谷峠越，万世大路～栗子峠越，佐渡路～会津街道・束松峠・滝沢峠越，八十里越，下野街道
茨城県	陸前浜街道～十王坂越
栃木県	日光杉並木街道
群馬県	佐渡路～三国街道，清水越新道，中山道～碓氷峠越，下仁田街道
埼玉県	鎌倉街道～上道，見沼通船堀
千葉県	鎌倉街道～上総道
東京都	浜街道～鎚水峠越
神奈川県	東海道～箱根旧街道・湯坂道・西坂，鎌倉街道～七口切道
山梨県	富士吉田口登山道，鎌倉街道～御坂路，棒道
新潟県	佐渡路～三国街道，清水越新道，越後・米沢街道～黒沢峠・大里峠・鷹ノ巣峠越，八十里越，松之山街道，松本・千国街道
富山県	北陸道～倶利伽羅峠越，臼ケ峰往来，石動山道
石川県	北陸道～倶利伽羅峠越，臼ケ峰往来，石動山道，白山禅定道～加賀禅定道～越前禅定道～美濃禅定道
福井県	白山禅定道～加賀禅定道～越前禅定道～美濃禅定道，北陸道～木ノ芽峠・湯尾峠越
長野県	中山道～信濃路，野麦峠
岐阜県	中山道～東美濃路，白山禅定道～加賀禅定道～越前禅定道～美濃禅定道
静岡県	東海道～小夜の中山道・金谷宿・大井川川越遺跡，本坂通，下田街道～天城越
愛知県	本坂通
三重県	東海道～鈴鹿峠越，伊勢本街道～飼坂峠越，熊野参詣道
滋賀県	東海道～鈴鹿峠越
京都府	宮津街道～普甲峠越，山陰道～細尾峠越
大阪府	竹内街道
兵庫県	山陰道～蒲生峠越
奈良県	柳生街道
和歌山県	高野山参詣道～町石道
鳥取県	山陰道～蒲生峠越，大山道，智頭往来～志戸坂峠越
島根県	石見銀山街道，広瀬・清水街道
岡山県	大山道，智頭往来～志戸坂峠越
広島県	山陽道～大山峠越・玖波
山口県	萩往還，赤間関街道～中道筋・雲雀峠越
徳島県	讃岐街道～大坂峠越
香川県	讃岐街道～大坂峠越
愛媛県	土佐北街道～笹ケ峰越，橘原街道～韮ケ峠越
高知県	土佐北街道～笹ケ峰越，橘原街道～韮ケ峠越，野根山街道
福岡県	長崎街道～冷水峠越，肥前・筑前街道～脊振坂越
佐賀県	肥前・筑前街道～脊振坂越，太閤道・唐津街道
長崎県	長崎街道～日見峠越・井樋尾峠越
熊本県	豊後街道，豊前街道，薩摩・肥後街道，菊池川水運
大分県	日田・中津街道，日田・竹田道
宮崎県	飫肥街道
鹿児島県	東目筋
沖縄県	国頭・中頭方西海道

庭　園

都道府県	名　称
北　海　道	光善寺庭園
青　森　県	瑞楽園，盛美園，高沢寺庭園
岩　手　県	毛越寺庭園，歴史公園えさし藤原の郷
宮　城　県	有備館庭園
秋　田　県	如斯亭庭園
山　形　県	酒井氏庭園，玉川寺庭園，猿羽根山公園
福　島　県	会津松平氏庭園（御薬園）
新　潟　県	清水園，貞観園
茨　城　県	偕楽園，常磐公園，観光ガマ公園，西山荘
栃　木　県	輪王寺逍遥園
群　馬　県	つつじヶ岡公園
埼　玉　県	国営武蔵丘陵森林公園，所沢航空記念公園，川越水上公園，しらこばと水上公園，さいたま水上公園
千　葉　県	新勝寺庭園
東　京　都	浜離宮，新宿御苑，旧芝離宮恩賜庭園，小石川後楽園，六義園，明治神宮内苑
神　奈　川　県	三渓園，建長寺庭園，瑞泉寺庭園
山　梨　県	東光寺庭園，恵林寺庭園
長　野　県	光前寺庭園
岐　阜　県	永保寺庭園，東氏館跡庭園，岐阜養老公園
静　岡　県	清見寺庭園，竜華寺庭園，龍潭寺庭園，摩訶耶寺庭園，大須賀町清水邸庭園
愛　知　県	名古屋城二の丸庭園，満光寺庭園
三　重　県	北畠神社庭園
富　山　県	光久寺庭園
石　川　県	兼六園，成巽閣庭園，那谷寺庫裡庭園
福　井　県	一乗谷朝倉氏庭園，瀧谷寺庭園，旧玄成院庭園，万徳寺庭園，伊藤氏庭園
滋　賀　県	玄宮園，大通寺庭園，大池寺庭園，兵主大社庭園，青岸寺庭園，胡宮神社庭園
京　都　府	西芳寺庭園，天竜寺庭園，大徳寺方丈庭園，竜安寺方丈庭園，鹿苑寺手庭園，慈照寺庭園
大　阪　府	南宗寺庭園，普門寺庭園
兵　庫　県	姫路城西御屋敷跡庭園「好古園」
奈　良　県	依水園，円成寺庭園，慈光院庭園，中之坊庭園，竹林院庭園，願行寺庭園，大乗院庭園
和　歌　山　県	根来寺庭園，粉河寺庭園，天徳院庭園，和歌山城二之丸庭園，海中公園
鳥　取　県	燕趙園，観音院庭園
島　根　県	雪舟庭園，万福寺庭園，康国寺庭園，医光寺庭園，由志園
岡　山　県	後楽園，衆楽園，頼久寺庭園
広　島　県	縮景園，安国寺庭園，吉水園，三景園
山　口　県	毛利邸庭園，常栄寺雪舟庭，宗隣寺庭園，松巌院庭園，旧目加田家庭園
徳　島　県	旧徳島城表御殿庭園，願勝寺庭園
香　川　県	栗林公園，玉藻公園
愛　媛　県	南楽園，天赦園，保国寺庭園
高　知　県	竹林寺庭園，轟公園
福　岡　県	立花家松涛園，旧亀石坊庭園
佐　賀　県	神野公園，彗洲園
長　崎　県	円融寺跡庭園，グラバー園
熊　本　県	水前寺成趣園，満願時庭園
大　分　県	伝来寺庭園
宮　崎　県	妙国寺庭園
鹿　児　島　県	仙厳園（磯庭園），知覧武家屋敷の庭園
沖　縄　県	宮良殿内庭園，識名園，石垣家庭園，伊江殿内庭園，福州園

風物詩・原風景

都道府県	名　　称
北　海　道	オホーツク海の流氷，ワカサギ釣り，秋サケ漁
青　森　県	津軽鉄道のストーブ列車，小川原湖のワカサギ釣り，お山参詣，南部縦貫鉄道
岩　手　県	遠野八幡秋祭り，八幡平の樹氷
宮　城　県	仙台七夕まつり，蔵王の樹氷，鳴子峡の新緑と紅葉
秋　田　県	なまはげ，紙風船上げ，竿燈，全国花火競技大会，ねぶながし，花輪ばやし，かまくら
山　形　県	蔵王の樹氷，花笠まつり，芋煮会
福　島　県	相馬野馬追い祭
茨　城　県	水戸偕楽園梅まつり，日立まつり
栃　木　県	鬼怒川ライン下り，真岡鐵道のＳＬ，日光杉並木街道，益子陶器市
群　馬　県	渋川のへそまつり
埼　玉　県	秩父夜祭り，大江戸花火大会
千　葉　県	にらめっこおびしゃ，我孫子あやめまつり
東　京　都	浅草三社祭
神　奈　川　県	湘南ひらつか七夕祭り，鎌倉明月院のあじさい
新　潟　県	佐渡の鬼太鼓，新潟まつり，長岡まつり，十日町雪まつり
富　山　県	路面電車，となみチューリップフェア，おわら風の盆，五箇山の合掌造り集落
石　川　県	輪島朝市，輪島の御陣乗太鼓，のと鉄道，三井の茅葺き民家集落
福　井　県	足羽川の桜，イサザ漁，三国水中花火
山　梨　県	信玄公祭り，ぶどう祭り，吉田の火祭り
長　野　県	姨捨の棚田，妻籠の町並み
岐　阜　県	長良川の鵜飼，春秋の高山祭，郡上おどり，白川郷の合掌造り集落
静　岡　県	浜松凧あげ，大井川鉄道のＳＬ
愛　知　県	一色大堤灯祭り，潮干祭
三　重　県	伊雑宮御田植式
滋　賀　県	路面電車，石山の秋月，比良の暮雪，安土八幡の水郷
京　都　府	大文字五山送り火，保津川下りとトロッコ列車，路面電車
大　阪　府	道頓堀の夜景，天神祭の船渡御，路面電車
兵　庫　県	甲子園の夏の高校野球，ゲンジボタルの乱舞，ウツギノヒメハナバチ
奈　良　県	若草山焼き，東大寺二月堂お水取り
和　歌　山　県	北山川の観光筏下り，串柿のすだれ，有田川の鵜飼
鳥　取　県	鳥取砂丘の風紋と砂簾，流しびな
島　根　県	出雲平野や斐川平野の築地松と散居集落，よずくはで
岡　山　県	路面電車，足踏みせんたく，出漁風景
広　島　県	鞆の鯛網，三次の鵜飼，とうろう流し
山　口　県	秋吉台山焼き，錦川の鵜飼い，八代のナベヅル，山口線のＳＬ，錦川鉄道
徳　島　県	阿波おどり，鳴門の渦潮
香　川　県	ネギ坊主の収穫風景
愛　媛　県	路面電車，干潟，宇和津彦神社秋祭り，大洲の鵜飼
高　知　県	日曜市，土佐闘犬，路面電車
福　岡　県	博多祇園山笠，柳川川下り，筑後川夕景，日向峠の朝日，路面電車
佐　賀　県	唐津くんち，有田陶器市，飛龍窯
長　崎　県	長崎くんち，長崎ペーロン
熊　本　県	阿蘇の火祭り，不知火
大　分　県	高島のウミネコ，黒ケ浜のヒジキ干し
宮　崎　県	都井岬の野生馬，みやざき納涼花火大会
鹿　児　島　県	路面電車，弥五郎どんまつり
沖　縄　県	ハーリー，那覇大綱挽，首里祭り，竹富島の町並み

（出所）環境庁大気保全局大気生活環境室
残したい「日本の音風景百選」

シンクタンクせとうち総合研究機構　発行

音風景

都道府県	名　称
北海道	オホーツク海の流氷，時計台の鐘，函館ハリスト正教会の鐘，大雪山旭岳の山の生き物，鶴居のタンチョウサンクチュアリ
青森県	八戸港・蕪島のウミネコ，小川原湖畔の野鳥，奥入瀬の渓流，ねぶた祭り・ねぷたまつり
岩手県	碁石海岸・雷岩，水沢駅の南部風鈴，チャグチャグ馬コの鈴の音
宮城県	宮城野のスズムシ，広瀬川のカジカガエルと野鳥，北上川河口のヨシ原，伊豆沼・内沼のマガン風の松原
秋田県	
山形県	山寺の蝉，松の勧進の法螺貝，最上川河口の白鳥
福島県	福島市小鳥の森，大内宿の自然用水，からむし織のはた音
新潟県	福島潟のヒシクイ，尾山のヒメハルゼミ
茨城県	五浦海岸の波音
栃木県	大平山あじさい坂の雨蛙
群馬県	水琴亭の水琴窟
埼玉県	川越の時の鐘，荒川・押切の虫の声
千葉県	樋橋の落水，麻綿原のヒメハルゼミ，柴又帝釈天界隈と矢切の渡
東京都	上野のお山の時の鐘，三宝寺池の鳥と水と樹々の音，成蹊学園ケヤキ並木
神奈川県	横浜港新年を迎える船の汽笛，川崎大師の参道，道保川公園のせせらぎと野鳥の声
山梨県	富士山麓・西湖畔の野鳥の森
長野県	善光寺の鐘，塩嶺の小鳥のさえずり，八島湿原の蛙鳴
岐阜県	卯建の町の水琴窟，吉田川の川遊び，長良川の鵜飼
静岡県	遠州灘の海鳴・波小僧，大井川鉄道のSL
愛知県	東山植物園の野鳥，伊良湖岬恋路ケ浜の潮騒
三重県	伊勢志摩の海女の磯笛
富山県	称名滝，エンナカの水音とおわら風の盆，井波の木彫りの音
石川県	本多の森の蝉時雨，寺町寺院群の鐘
福井県	簑脇の時水
滋賀県	三井の晩鐘，彦根城の時報鐘と虫の音
京都府	京の竹林，るり渓，琴引浜の鳴き砂
大阪府	淀川河川敷のマツムシ，常光寺境内の河内音頭
兵庫県	垂水漁港のイカナゴ漁，灘のけんか祭りのだんじり太鼓
奈良県	春日野の鹿と諸寺の鐘
和歌山県	不動山の巨石で聞こえる紀ノ川，那智の滝
鳥取県	水鳥公園の渡り鳥，三徳川のせせらぎとカジカガエル，因州和紙の紙すき
島根県	琴ヶ浜海岸の鳴き砂
岡山県	諏訪洞・備中川のせせらぎと水車，新庄宿の小川
広島県	広島の平和の鐘，千光寺鷲音楼の鐘
山口県	山口線のSL，関門海峡の潮騒と汽笛
徳島県	鳴門の渦潮，阿波踊り
香川県	大窪寺の鐘とお遍路さんの鈴，満濃池のゆるぬきとせせらぎ
愛媛県	道後温泉振鷺閣の刻み太鼓
高知県	室戸岬・御厨人窟の波音
福岡県	博多祇園山笠の舁き山笠，観世音寺の鐘，関門海峡の潮騒と汽笛
佐賀県	唐津くんちの曳山囃子，伊万里の焼物の音
長崎県	山王神社被爆の楠の木
熊本県	通潤橋の放水，五和の海のイルカ
大分県	小鹿田皿山の唐臼，岡城跡の松籟
宮崎県	三之宮峡の櫓の轟，えびの高原の野生鹿
鹿児島県	出水のツル，千頭川の渓流とトロッコ
沖縄県	後良川周辺の亜熱帯林の生き物，エイサー

伝統芸能

都道府県	名　　称
北 海 道	松前神楽，アイヌ古式舞踊
青 森 県	津軽三味線，笛，太鼓，能舞，伊勢神楽，獅子舞，もちつき踊り，手踊り
岩 手 県	早池峰神楽，山伏神楽，永井の大念仏剣舞，山屋の田植踊，鬼剣舞
宮 城 県	法印神楽，登米能
秋 田 県	なまはげ，市女笠姿の小町娘の行列，みこしの滝浴び，綴子大太鼓
山 形 県	黒川能，杉沢比山，林家舞楽，慈恩寺舞楽
福 島 県	伊佐須美の太々神楽，御宝殿の稚児田楽・風流，相馬野馬追，金沢の羽山ごもり，石井の七福神と田植踊
茨 城 県	撞舞，大洗荒磯太鼓，四方固めや巫女舞，富田のささら
栃 木 県	烏山の山あげ行事，川俣の元服式，発光路の強飯式
群 馬 県	下長磯翁式三番操，中宿灯籠人形，尻高人形，太々神楽，獅子舞
埼 玉 県	鷲宮催馬楽神楽，秩父祭の屋台行事と神楽，猪俣の百八燈
千 葉 県	鬼来迎，白間津のオオマチ（大祭）行事
東 京 都	茶番，狂言，万歳，神田囃子，びんざさら舞い，木場の角乗り
神 奈 川 県	ちゃっきらこ，面掛行列，湯立獅子舞
新 潟 県	角兵衛獅子，越後追分，佐渡おけさ，新潟甚句，相川甚句，高田の四季，十日町小唄
富 山 県	高岡御車山祭の御車山行事，越中の稚児舞
石 川 県	御陣乗太鼓，早舟狂言
福 井 県	水海の田楽能舞，馬鹿ばやし，越前万歳，獅子舞，和久里壬生狂言
山 梨 県	黒平能三番，山中湖明神太鼓，内船歌舞伎
長 野 県	雪祭，天竜村の霜月神楽，遠山の霜月祭，雨宮の神事芸能，野沢温泉の道祖神祭り
岐 阜 県	谷汲踊り，竹原文楽，真桑文楽，鵜飼太鼓
静 岡 県	田遊び，農兵節，獅子神楽，湖西歌舞伎
愛 知 県	放下踊り，岡崎五万石，三河万歳
三 重 県	伊勢太神楽，安乗文楽，伊雑宮御田植神事，上げ馬神事，御頭神事，薪能，狂言
滋 賀 県	村芝居，冨田人形，近江猿楽，むかで太鼓，仰木太鼓，朝日太鼓踊り
京 都 府	蹴鞠，やすらい花，人形浄瑠璃，狂言
大 阪 府	能・狂言，茶道・華道，文楽
兵 庫 県	上鴨川住吉神社の神事舞，淡路人形浄瑠璃，車大歳神社の翁舞，薪能，播州赤穂義士太鼓
奈 良 県	春日若宮おん祭り神事芸能，題目立，十津川の大踊り，薪能，春日舞楽，陀々堂の鬼はしり
和 歌 山 県	二川歌舞伎，仏の舞，藤白獅子舞
鳥 取 県	麒麟獅子舞，因幡万葉薪能，鳥取しゃんしゃん傘踊り
島 根 県	大元神楽，海神神代神楽，鷺舞，仁多乃炎太鼓，石見神楽，浜っ子ハイヤ踊り，諸手船神事，蓮華会舞
岡 山 県	白石踊，備中神楽，面浄瑠璃，横仙歌舞伎
広 島 県	獅子舞，盆おどり，比婆荒神神楽等の神楽，田楽，壬生の花田植等の田植唄
山 口 県	小鯖の代神楽舞，俵山女歌舞伎，神楽八岐大蛇，神舞
徳 島 県	阿波おどり，人間浄瑠璃，藍こなし唄，神代踊り
香 川 県	綾子踊り，こんぴら歌舞伎，氷上八幡神社大獅子，仁尾竜翔太鼓，虎頭の舞
愛 媛 県	一人相撲，伊予万歳，伊予神楽，能島水軍太鼓
高 知 県	津野山神楽，高知よさこい鳴子踊り
福 岡 県	博多にわか，福島灯籠人形，春日の婿押し
佐 賀 県	浮立，岳の新太郎さん
長 崎 県	龍踊り，五島鳴神太鼓，ジャンガラ踊り，オランダ漫才，カベスドス人形
熊 本 県	清和文楽，岩戸神楽，久連子の古代踊り，阿蘇の虎舞，流鏑馬，菊池松囃子
大 分 県	北原人形芝居，古要舞，修正鬼会，姫島の盆踊り，ケベス祭り
宮 崎 県	米良神楽，高千穂の夜神楽，五ヶ瀬の荒踊，椎葉神楽，山之口の文弥人形
鹿 児 島 県	諸シバヤ，流鏑馬
沖 縄 県	ウチナー芝居，琉球舞踊，組踊・執心鐘入，エイサー，アンガマ，ウンジャミ

祭り

都道府県	名称
北海道	さっぽろ雪まつり，層雲峡氷爆まつり，オホーツク流氷まつり，小樽潮まつり，登別地獄まつり，まりも祭り
青森県	十和田湖雪まつり，弘前さくらまつり，青森ねぶた祭り，弘前ねぷたまつり，八戸三社大祭，しもだの鮭まつり
岩手県	わんこそば全日本大会，春の藤原祭り，チャグチャグ馬コ，北上みちのく芸能祭り，盛岡さんさ踊り
宮城県	どんと祭，塩竈みなと祭り，仙台七夕まつり，松島灯籠流し花火大会，SENDAI光のページェント
秋田県	かまくら，角館桜祭り，秋田竿灯祭り，七夕絵どうろう祭り，全国花火競技大会，種苗交換会
山形県	蔵王樹氷まつり，天童桜祭り，上杉まつり，花笠まつり，日本一の芋煮フェスティバル
福島県	七日堂裸まいり，相馬野馬追い，二本松堤灯祭り
茨城県	祭頭祭，筑波山ガマまつり，きせる祭，土浦全国花火競技大会，岩井の将門まつり
栃木県	東照宮例大祭，平家落人大祭，山あげ祭り，龍王祭，陶器市，栃木秋まつり
群馬県	少林山だるま市，湯かけ祭り，日本の真ん中へそまつり，桐生八木節まつり，ヤッサ祭り
埼玉県	長瀞火祭り，庄和の大凧揚げ祭り，秩父音頭まつり，川越まつり，秩父夜祭り
千葉県	佐倉チューリップ祭り，我孫子あやめまつり，銚子みなと祭り，木更津港まつり，大原のはだか祭り
東京都	深大寺だるま市，浅草三社祭，山王祭，隅田川花火大会，酉の市，大東京まつり，神田祭
神奈川県	小田原梅まつり，鎌倉まつり，横浜みなと祭，湘南ひらつか七夕まつり，貴船祭，箱根大名行列
新潟県	十日町雪まつり，観桜会，佐渡島まつり，狐の嫁入り行列，村上大祭，新潟まつり，長岡まつり
富山県	酒とり祭り，合掌の里・五箇山春まつり，御車山祭，高岡七夕祭り
石川県	青柏祭，九谷茶碗祭り，お旅まつり，加賀百万石まつり，お熊甲祭，金沢城フェスティバル
福井県	お水送り，三国祭り，越前竹原弁財天祭，福井フェニックス祭り，敦賀祭り
山梨県	信玄公祭り，いちのみや桃の里花祭り，南部の火祭り，吉田の火祭り，岩殿山かがり火祭り
長野県	上高地開山祭，駒ヶ根サンバカーニバル，諏訪湖祭湖上花火大会，飯綱音楽祭，真田まつり
岐阜県	八百津祭り，古川祭，白鳥おどり，郡上踊り，高山祭り，長良まつり
静岡県	静岡まつり，浜松まつり，黒船まつり，海上花火大会，安針祭，秋葉の火まつり
愛知県	てんてこ祭り，国府宮はだかまつり，熱田祭り，安城七夕まつり，名古屋まつり
三重県	ヤーヤ祭り，伊勢えび祭り，大四日市まつり，熊野大花火大会，津まつり，上野天神祭
滋賀県	長浜曳山まつり，フェスタ信長，信楽陶器まつり，びわ湖大花火大会，万灯祭，大津祭
京都府	葵まつり，祇園祭，大文字五山送り火，時代まつり，鞍馬の火祭
大阪府	十日戎，天神祭，がんがら火祭り，岸和田だんじり祭，御堂筋パレード，堺まつり，四天王寺ワッソ，御堂筋光のフェスティバル，サントリーオールド1万人の第九コンサート
兵庫県	源氏まつり，神戸まつり，相生ペーロン祭，デカンショ祭り，灘祭り，赤穂義士祭
奈良県	若草山山焼き，東大寺二月堂修二会，蔵王堂蛙跳び，秀長百万石まつり，鹿の角切り，春日若宮おん祭
和歌山県	那智火祭，御船祭，笑い祭，お燈祭，興国寺燈籠焼き
鳥取県	雪と氷の祭り，流しびな，みなと祭，しょんしゃん祭，打吹祭り，くつがいな祭
島根県	松江お城祭り，津和野鷺舞，出雲大社大祭礼，安来月の輪祭り，精霊船送り，八朔牛窓大会
岡山県	西大寺会陽，倉敷音楽祭，吉備津神七十五膳祭，吉川八幡宮当番祭，備前焼まつり，加茂大祭
広島県	ひろしまフラワーフェスティバル，福山ばら祭り，やっさ祭り，管弦祭，宮島水中花火大会
山口県	秋吉台山焼き，錦帯橋祭り，下関海峡祭り，萩夏祭り，馬関祭り，笑い講
徳島県	義経夢想祭，渦まつり，阿南の夏まつり，阿波おどり，大谷焼窯まつり
香川県	はだか祭り，源平屋島祭り，塩江桜祭り，高松祭り，金刀比羅宮例大祭，さぬき豊浜ちょうさ祭
愛媛県	道後温泉まつり，今治みなと祭り，新居浜太鼓まつり，西条まつり，北条まつり，宇和島まつり
高知県	南国土佐皿鉢祭，どろめ祭，どろんこ祭り，四万十川のこいのぼり川渡し，よさこい祭，龍馬祭
福岡県	大善寺玉垂宮の鬼夜，博多どんたく，小倉祇園太鼓，戸畑祇園大山笠，博多祇園山笠
佐賀県	有田陶器市，鹿島ガタリンピック，伊万里トンテントン祭，唐津くんち，かごかき競争，バルーンフェスタ
長崎県	諫早川祭り，対馬アリラン祭り，精霊流し，福江祭り，長崎くんち，おくんち佐世保祭り，長崎ペーロン
熊本県	阿蘇の火祭り，牛深ハイヤ祭，山鹿灯籠祭り，火の国祭，妙見宮大祭
大分県	別府温泉まつり，日本童話祭，ゆふいん音楽祭，臼杵石仏火まつり，子鹿田焼民陶祭
宮崎県	フラワーフェスタ，天岩戸神社大祭，都井の火まつり，飫肥城下まつり，椎葉平家まつり
鹿児島県	初午祭り，霧島国際音楽祭，スターダスト・イン・大口，川内大綱引き，おはら祭り
沖縄県	名護さくら祭り，ハーリー，沖縄全島エイサー祭り，糸満大綱引き，那覇まつり，サンピア沖縄

人間と自然との共同作品ー文化的景観について

　世界の各地には，その地域を代表する実に多様な景観がある。自然と人類との共同作品，それらは，人間と自然環境との長い歴史と親密な関係を表している。

　ある所では，生物多様性の維持を担保した土地利用の技術を反映したもの，また，ある所では，強い信仰や芸術的・伝統的な風習と地域共同体とが結びつき，地域住民と自然とのかえがえのない精神的な結びつきを示している。

　人間と環境との相互作用，影響，感化の多様性を明らかにすること，生きた伝統文化を守っていくこと，先人が残した軌跡を保護すること，文化的景観（Cultural Landscapes）と呼ばれるこれらの場所が世界遺産リストに登録されている。

　文化的景観－山間の棚田，庭園，聖地等は，人類の創造的な英知，社会の発展，それに，精神的な活力を証明するもので，文化遺産と自然遺産との中間的な存在で，現在は，文化遺産の分類に含められている。

　この文化的景観は，「人間と自然環境との相互作用の様々な表現」を意味し，「自然環境との共生のもとに継続する内外の社会的，経済的及び文化的な力の影響を受けつつ時代を超えて発展した人間社会と定住の例証」と位置づけられている。

　1992年12月にアメリカ合衆国のサンタフェで開催された第16回世界遺産委員会で，今後，拡大していくべき分野の一つとして世界戦略（Global Strategy）に位置づけられ，世界遺産条約履行の為の作業指針（Operational Guidelines）に新たに加えられた。

　大別すると，次の三つのカテゴリーに分類することができ，それぞれのカテゴリーを代表する物件としては，下記のものが挙げられる。

　一つは，庭園，公園など人間によって意図的に設計され創造されたと明らかに定義できる景観
(the clearly defined landscape designed and created intentionally by man)
- ティヴォリのヴィラ・デステ（イタリア）
- レドニツェとバルチツェの文化的景観（チェコ）

　二つは，農林水産業などの産業と関連した有機的に進化する景観
(the organically evolved landscape)で，次の2つのサブ・カテゴリーに分けられる。

①残存する（或は化石）景観（a relict (or fossil) landscape）
- ペストゥムとヴェリアの考古学遺跡（イタリア）
- キューバ南東部の最初のコーヒー農園の考古学的景観（キューバ）

②継続中の景観（continuing landscape）
- カディーシャ渓谷（聖なる谷）と神の杉の森（ホルシュ・アルゼ・ラップ）（レバノン）
- フィリピンのコルディリェラ山脈の棚田（フィリピン）
- ポルトヴェーネレ，チンクエ・テッレと諸島（パルマリア，ティーノ，ティネット）（イタリア）
- アマルフィターナ海岸（イタリア）
- サン・テミリオン管轄区（フランス）
- ワインの産地アルト・ドウロ地域（ポルトガル）
- ザルツカンマーグート地方のハルシュタットとダッハシュタインの文化的景観（オーストリア）
- ホルトバージ国立公園（ハンガリー）
- ヴィニャーレス渓谷（キューバ）

　三つは，聖山など自然の要素が強い宗教，芸術，文化などの事象と関連する文化的景観
(the associative cultural landscape)
- トンガリロ国立公園（ニュージーランド）
- ウルル・カタジュタ国立公園（オーストラリア）
- アンボヒマンガの王丘（マダガスカル）

この他にも，このカテゴリーが採択された1992年以前に登録された物件，例えば，ヴェルサイユ宮殿と庭園（フランス），ポツダムの公園と宮殿（ドイツ），タッシリ・ナジェール（アルジェリア），アトス山（ギリシャ），コトルの自然・文化―歴史地域（ユーゴスラビア），泰山（中国），黄山（中国）など，それに，1992年以降の登録物件でも締約国が考古学遺跡や自然遺産など他の価値基準で登録した物件（例えば，シェーンブルン宮殿と庭園（オーストリア），蘇州の古典庭園（中国），パンノンハルマのベネディクト会修道院と自然環境（ハンガリー），キンデルダイク-エルスハウトの風車群（オランダ）などの中にもこの文化的景観の範疇に入ると考えられる物件が数多くあり，これらは，世界的に見るとまだまだ多様である。

　また，将来の世界遺産の登録審査に資するための文化的景観に関する専門家会議も，これまでに，「文化的景観としての道に関する専門家会議」（1994年　スペイン・マドリード），「アジアの稲作文化と棚田景観に関する専門家会議」（1995年　フィリピン・マニラ），「アジア・太平洋地域における「関連する文化的景観」のワークショップ」（1995年　オーストラリア・シドニー），「アジア・太平洋地域における信仰の山の文化的景観に関する専門家会議」（2001年　日本・和歌山）などが開催されている。

　ユネスコ世界遺産センターには，文化的景観についての担当セクション（Natural Heritage & Cultural Landscapes）や専門家（Dr Mechtild Rossler　著書「Cultural Landscapes of Universal Value. Components of a Global Strategy」）もいるので，登録書類の作成準備段階で照会するなど十分なコミュニケーションを図っていくことが重要である。

　文化的景観の解釈は，難解であるが，新たな世界遺産の候補物件の選考対象として注目されている。わが国の文化財の範疇では，庭園，橋梁，渓谷，海浜，山岳などの特別名勝や名勝に指定されているものが，この概念に近いが，きわめて，多様性に富んでおり，新たな分野の文化財指定の取り組みも注目されている。

　わが国の文化的景観保全のための調査研究については，文化庁では，わが国の特徴ある自然・文化を後世に継承していくため，歴史上，芸術上，学術上価値の高い記念物を史跡名勝天然記念物として個別に指定し保存を図ってきた。

　近年，生活様式や環境の改変が進行したことにより，里山や伝統的農耕地など人間の生業と深く関連し，顕著な土地利用の形態を示す文化的景観を適切に保全していく為に，全国的な所在調査を含んだ調査研究が行われている。

　一方，自然公園を所管する環境省は，自然公園法において，従来より，文化的景観についても自然公園の選定要件の一つとしてきた。自然公園は，文化的景観を含む文化遺産の国内法制上の保護担保措置としての機能も持ち重要な役割を果たしている。従って，環境省は，文化的景観にかかわる世界遺産登録にあたっては，文化庁と共同で推薦している。

　人間と自然との共同作品－文化的景観についての理解を深め，わが国の誇れる美しい景観づくりに資するものでありたい。

【参考文献】
「世界遺産ガイド－世界遺産条約編－」（シンクタンクせとうち総合研究機構　発行）
「世界遺産ガイド－文化遺産編－Ⅰ遺跡」（シンクタンクせとうち総合研究機構　発行）
「世界遺産ガイド－文化遺産編－Ⅱ建造物」（シンクタンクせとうち総合研究機構　発行）
「世界遺産ガイド－文化遺産編－Ⅲモニュメント」（シンクタンクせとうち総合研究機構　発行）
「世界遺産ガイド－文化遺産編－Ⅳ文化的景観」（シンクタンクせとうち総合研究機構　発行）
「世界遺産ガイド－複合遺産編－」（シンクタンクせとうち総合研究機構　発行）
「世界遺産ガイド－名勝・景勝地編－」（シンクタンクせとうち総合研究機構　発行）
「世界遺産ガイド－産業・技術編－」（シンクタンクせとうち総合研究機構　発行）
「世界遺産入門－過去から未来へのメッセージ－」（シンクタンクせとうち総合研究機構　発行）
「世界遺産学入門－もっと知りたい世界遺産－」（シンクタンクせとうち総合研究機構　発行）
「世界遺産Q&A－世界遺産の基礎知識－2001改訂版」（シンクタンクせとうち総合研究機構　発行）
「世界遺産フォトス－多様な文化と自然－」（シンクタンクせとうち総合研究機構　発行）
「世界遺産事典－754全物件プロフィール－2003改訂版」（シンクタンクせとうち総合研究機構　発行）
「世界遺産データ・ブック－2004年版－」（シンクタンクせとうち総合研究機構　発行）

シンクタンクせとうち総合研究機構　発行

誇れる郷土ガイドー全国47都道府県の誇れる景観編ー　人間と自然との共同作品ー文化的景観について

人間と自然との共同作品ー文化的景観について

サン・テミリオン管轄区（フランス）

ザルツカンマーグート地方のハルシュタットとダッハシュタインの文化的景観（オーストリア）

アマルフィターナ海岸（イタリア）

ワッハウの文化的景観（オーストリア）

ライン川上中流域の渓谷（ドイツ）

デッサウ-ヴェルリッツの庭園王国（ドイツ）

120

シンクタンクせとうち総合研究機構　発行

誇れる郷土ガイド－全国47都道府県の誇れる景観編－　人間と自然との共同作品－文化的景観について

ホルトバージ国立公園-プスタ（ハンガリー）

クルシュ砂州（リトアニア／ロシア）

トカイ・ワイン地方の歴史的・文化的景観
（ハンガリー）

カルヴァリア ゼブジドフスカ:マニエリズム建築と
公園景観それに巡礼公園
（ポーランド）

フェルトゥー・ノイジィードラーゼーの文化的景観
（ハンガリー／オーストリア）

レドニツェとヴァルティツェの文化的景観
（チェコ）

人間と自然との共同作品－文化的景観について

シンクタンクせとうち総合研究機構　発行

誇れる郷土ガイド－全国47都道府県の誇れる景観編－　人間と自然との共同作品－文化的景観について

人間と自然との共同作品－文化的景観について

アランフェスの文化的景観（スペイン）

カディーシャ渓谷（聖なる谷）と神の杉の森（ホルシュ・アルゼ・ラップ）（レバノン）

シントラの文化的景観（ポルトガル）

チャムパサックの文化的景観の中にあるワット・プーおよび関連古代集落群（ラオス）

ワインの産地アルト・ドウロ地域（ポルトガル）

アンボヒマンガの王丘（マダガスカル）

122　　　　　　　　　　　　　　シンクタンクせとうち総合研究機構　発行

誇れる郷土ガイド－全国47都道府県の誇れる景観編－　人間と自然との共同作品－文化的景観について

泰山（中国）

ヴィニャーレス渓谷（キューバ）

フィリピンのコルディリェラ山脈の棚田（フィリピン）

キューバ南東部の最初のコーヒー農園の考古学的景観（キューバ）

ウルル・カタジュタ国立公園（オーストラリア）

トンガリロ国立公園（ニュージーランド）

人間と自然との共同作品－文化的景観について

シンクタンクせとうち総合研究機構　発行

<出典>

農林水産業に関する文化的景観　文化庁 選
未来に残したい日本の自然百選　朝日新聞 選
日本の白砂青松百選　日本の白砂青松百選選定委員会 選
さくら名所百選　(財)日本さくらの会 選
農村景観百選　農村景観百選調査検討会 選
日本の棚田百選　日本の棚田百選選定委員会 選
かおり風景百選　環境省 選
歴史の道百選　文化庁 選
残したい日本の音風景百選　日本の音風景検討会 選
都市景観百選　都市景観大賞審査委員会 選
21世紀に残したい日本の風景　ＮＨＫ「21世紀に残したい日本の風景」アンケート調査 選
日本の道百選　日本の道100選選定委員会 選
水の郷百選　国土交通省土地・水源局水資源部 選
水源の森百選　水源の森百選選定委員会 選
日本の滝百選　日本の滝百選選定委員会 選
日本の渚百選　日本の渚・中央委員会 選
日本の灯台50選　海上保安庁，社団法人燈光会 選
日本遺産・百選　シンクタンクせとうち総合研究機構 選

<資料・写真 提供>

スペイン政府観光局, MINISTERIO DE COMERCIO Y TURISMO, Ministerio de Comercio y Turismo, Jose Luis Menendez Perez de Tudela Concejal-Delegado de Turismo, Fundacion Puente Barcas, ポルトガル投資・観光・貿易振興庁, フランス政府観光局, イタリア政府観光局（ENTE PROVINCIALE PER IL TURISMO＝ENIT), ドイツ観光局, Rhein-Touristik Tal der Loreley／Claudia Schwarz, Rhineland-Palatinate Tourism Board／Katrin Schneider, Auskunfte:Dessau-Informationund Tourismusservice, オーストリア政府観光局, Neusiedler See Tourismus GmbH., ハンガリー共和国大使館, ハンガリー政府観光局, THE HUNGARIEN NATIONAL TOURIST OFFICE, Tokaj.hu Kft., チェコ大使館, the Czech Tourist Authority, ポーランド大使館, State Sport and Tourism Administration, POLSKA AGENCJA PROMOCJI TURYSTYKI NATIONAL TOURISM PROMOTION AGENCY, POLAND, リトアニア大使館, 在大阪ロシア連邦総領事館, ロシア連邦政府観光局, マダガスカル共和国大使館, MADAGASCAR AIRTOURS／Michel RAKOTONIRINA, レバノン大使館, ラオス人民民主共和国大使館, フィリピン政府観光省, フィリピン政府観光省大阪事務所, 中華人民共和国国家観光局東京駐在事務所, 大阪駐在事務所, 中国国家旅遊局, オーストラリア大使館広報部, オーストラリア政府観光局, ニュージーランド政府観光局, キューバ大使館, Cubanacan,S.A., 北海道, 青森県, 岩手県, 宮城県, 秋田県, 山形県, 福島県, 茨城県, 栃木県, 群馬県, 埼玉県, 千葉県, 東京都, 神奈川県, 新潟県, 富山県, 石川県, 福井県, 山梨県, 長野県, 岐阜県, 静岡県, 愛知県, 三重県, 滋賀県, 京都府, 大阪府, 兵庫県, 奈良県, 和歌山県, 鳥取県, 島根県, 岡山県, 広島県, 山口県, 徳島県, 香川県, 愛媛県, 高知県, 福岡県, 佐賀県, 長崎県, 熊本県, 大分県, 宮崎県, 鹿児島県, 沖縄県, シンクタンクせとうち総合研究機構／古田陽久

誇れる郷土ガイド　ー全国47都道府県の誇れる景観編ー

2003年（平成15年）10月15日 初版 第1刷

監　　修　　古田陽久
企画・構成　　21世紀総合研究所
編　　集　　シンクタンクせとうち総合研究機構
発　　行　　シンクタンクせとうち総合研究機構 ⓒ
　　　　　　〒733-0844
　　　　　　広島市西区井口台3丁目37番3-1110号
　　　　　　📞&📠　082-278-2701
　　　　　　郵便振替　01340-0-30375
　　　　　　電子メール　sri@orange.ocn.ne.jp
　　　　　　インターネット　http://www.dango.ne.jp/sri/
　　　　　　出版社コード　916208
印刷・製本　　図書印刷株式会社

ⓒ本書の内容を複写，複製，引用，転載される場合には，必ず，事前にご連絡下さい。

Complied and Printed in Japan, 2003　　ISBN4-916208-78-1 C1560 Y2000E

発行図書のご案内

世界遺産シリーズ

世界遺産シリーズ ★(社)日本図書館協会選定図書
世界遺産データ・ブック －2004年版－ 〔新刊〕
世界遺産総合研究所編　　ISBN4-916208-75-7　本体2000円　2003年8月

世界遺産シリーズ
世界遺産事典 －754全物件プロフィール－ 2003改訂版 〔新刊〕
世界遺産総合研究所編　　ISBN4-916208-79-X　本体2000円　2003年9月

世界遺産シリーズ ★(社)日本図書館協会選定図書
世界遺産キーワード事典
世界遺産総合研究所編　　ISBN4-916208-68-4　本体2000円　2003年3月

世界遺産シリーズ ★(社)日本図書館協会選定図書　☆全国学校図書館協議会選定図書
世界遺産フォトス －写真で見るユネスコの世界遺産－
世界遺産研究センター編　　ISBN4-916208-22-6　本体1905円　1999年8月

世界遺産シリーズ
世界遺産フォトス －第2集　多様な世界遺産－
世界遺産総合研究センター編　　ISBN4-916208-50-1　本体2000円　2002年1月

世界遺産シリーズ ★(社)日本図書館協会選定図書
世界遺産入門 －地球と人類の至宝－
古田陽久　古田真美　共著　　ISBN4-916208-12-9　本体1429円　1998年4月

世界遺産シリーズ
世界遺産入門 －過去から未来へのメッセージ－
古田真美　著　　ISBN4-916208-67-6　本体2000円　2003年2月

世界遺産シリーズ ★(社)日本図書館協会選定図書
世界遺産学入門 －もっと知りたい世界遺産－
古田陽久　古田真美　共著　　ISBN4-916208-52-8　本体2000円　2002年2月

世界遺産シリーズ
世界遺産マップス －地図で見るユネスコの世界遺産－ 2003改訂版
世界遺産総合研究所編　　ISBN4-916208-66-8　本体2000円　2003年1月

世界遺産シリーズ ★(社)日本図書館協会選定図書
世界遺産Q&A －世界遺産の基礎知識－2001改訂版
世界遺産総合研究センター編　　ISBN4-916208-47-1　本体2000円　2001年9月

世界遺産シリーズ ★(社)日本図書館協会選定図書
世界遺産ガイド －自然遺産編－
世界遺産研究センター編　　ISBN4-916208-20-X　本体1905円　1999年1月

世界遺産シリーズ ★(社)日本図書館協会選定図書
世界遺産ガイド －自然保護区編－
世界遺産総合研究所編　　ISBN4-916208-73-0　本体2000円　2003年6月

世界遺産シリーズ

世界遺産ガイド －文化遺産編－　本体各2000円
★㈳日本図書館協会選定図書　☆全国学校図書館協議会選定図書

世界遺産研究センター編　Ⅰ 遺跡　　　　　　ISBN4-916208-32-3　2000年8月

世界遺産研究センター編　Ⅱ 建造物　　　　　ISBN4-916208-33-1　2000年9月

世界遺産研究センター編　Ⅲ モニュメント　　ISBN4-916208-35-8　2000年10月

世界遺産総合研究センター編　Ⅳ 文化的景観　ISBN4-916208-53-6　2002年1月

世界遺産ガイド　－複合遺産編－
★㈳日本図書館協会選定図書　☆全国学校図書館協議会選定図書
世界遺産総合研究センター編　ISBN4-916208-43-9　本体2000円　2001年4月

世界遺産ガイド　－危機遺産編－
★㈳日本図書館協会選定図書
世界遺産総合研究センター編　ISBN4-916208-45-5　本体2000円　2001年7月

世界遺産ガイド　－世界遺産条約編－
★㈳日本図書館協会選定図書　☆全国学校図書館協議会選定図書
世界遺産研究センター編　ISBN4-916208-34-X　本体2000円　2000年7月

世界遺産ガイド　－日本編－　2001改訂版
★㈳日本図書館協会選定図書　☆全国学校図書館協議会選定図書
世界遺産研究センター編　ISBN4-916208-36-6　本体2000円　2001年1月

世界遺産ガイド　－日本編－　2.保存と活用
★㈳日本図書館協会選定図書
世界遺産総合研究センター編　ISBN4-916208-54-4　本体2000円　2002年2月

世界遺産ガイド　－中国・韓国編－
★㈳日本図書館協会選定図書　☆全国学校図書館協議会選定図書
世界遺産総合研究センター編　ISBN4-916208-55-2　本体2000円　2002年3月

世界遺産ガイド　－アジア・太平洋編－
★㈳日本図書館協会選定図書
世界遺産研究センター編　ISBN4-916208-19-6　本体1905円　1999年3月

世界遺産ガイド　－オセアニア編－
★㈳日本図書館協会選定図書
世界遺産総合研究所編　ISBN4-916208-70-6　本体2000円　2003年5月

世界遺産ガイド　－中央アジアと周辺諸国編－
★㈳日本図書館協会選定図書
世界遺産総合研究センター編　ISBN4-916208-63-3　本体2000円　2002年8月

世界遺産ガイド　－中東編－
★㈳日本図書館協会選定図書　☆全国学校図書館協議会選定図書
世界遺産研究センター編　ISBN4-916208-30-7　本体2000円　2000年7月

世界遺産ガイド　－イスラム諸国編－
★㈳日本図書館協会選定図書
世界遺産総合研究所編　ISBN4-916208-71-4　本体2000円　2003年7月

世界遺産ガイド　－西欧編－
★㈳日本図書館協会選定図書　☆全国学校図書館協議会選定図書
世界遺産研究センター編　ISBN4-916208-29-3　本体2000円　2000年4月

世界遺産シリーズ

世界遺産ガイド －北欧・東欧・CIS編－
世界遺産研究センター編　★㈳日本図書館協会選定図書　☆全国学校図書館協議会選定図書
ISBN4-916208-28-5　本体2000円　2000年4月

世界遺産ガイド －アフリカ編－
世界遺産研究センター編　★㈳日本図書館協会選定図書　☆全国学校図書館協議会選定図書
ISBN4-916208-27-7　本体2000円　2000年3月

世界遺産ガイド －アメリカ編－
世界遺産研究センター編　★㈳日本図書館協会選定図書
ISBN4-916208-21-8　本体2000円　2001年4月

世界遺産ガイド －北米編－　[近刊]
世界遺産総合研究所編　ISBN4-916208-80-3　本体2000円

世界遺産ガイド －中米編－　[近刊]
世界遺産総合研究所編　ISBN4-916208-81-1　本体2000円

世界遺産ガイド －南米編－　[新刊]
世界遺産総合研究所編　ISBN4-916208-76-5　本体2000円　2003年9月

世界遺産ガイド －都市・建築編－
世界遺産研究センター編　★㈳日本図書館協会選定図書
ISBN4-916208-39-0　本体2000円　2001年2月

世界遺産ガイド －産業・技術編－
世界遺産研究センター編　★㈳日本図書館協会選定図書　☆全国学校図書館協議会選定図書
ISBN4-916208-40-4　本体2000円　2001年3月

世界遺産ガイド －名勝・景勝地編－
世界遺産研究センター編　★㈳日本図書館協会選定図書
ISBN4-916208-41-2　本体2000円　2001年3月

世界遺産ガイド －国立公園編－
世界遺産総合研究センター編　★㈳日本図書館協会選定図書
ISBN4-916208-58-7　本体2000円　2002年5月

世界遺産ガイド －19世紀と20世紀の世界遺産編－
世界遺産総合研究センター編　★㈳日本図書館協会選定図書
ISBN4-916208-56-0　本体2000円　2002年7月

世界遺産ガイド －歴史都市編－
世界遺産総合研究センター編　★㈳日本図書館協会選定図書
ISBN4-916208-64-1　本体2000円　2002年9月

世界遺産ガイド －歴史的人物ゆかりの世界遺産編－
世界遺産総合研究センター編　★㈳日本図書館協会選定図書
ISBN4-916208-57-0　本体2000円　2002年10月

世界遺産ガイド －宗教建築物編－
世界遺産総合研究所編　★㈳日本図書館協会選定図書
ISBN4-916208-72-2　本体2000円　2003年6月

世界遺産ガイド －人類の口承及び無形遺産の傑作編－
世界遺産総合研究センター編　★㈳日本図書館協会選定図書
ISBN4-916208-59-5　本体2000円　2002年4月

ふるさとシリーズ

誇れる郷土ガイド

ー東日本編ー ☆全国学校図書館協議会選定図書		1999年12月
シンクタンクせとうち総合研究機構編 ISBN4-916208-24-2		本体1905円
ー西日本編ー ☆全国学校図書館協議会選定図書		2000年1月
シンクタンクせとうち総合研究機構編 ISBN4-916208-25-0		本体1905円
ー北海道・東北編ー		2001年5月
シンクタンクせとうち総合研究機構編 ISBN4-916208-42-0		本体2000円
ー関東編ー		2001年11月
シンクタンクせとうち総合研究機構編 ISBN4-916208-48-X		本体2000円
ー中部編ー		2002年10月
シンクタンクせとうち総合研究機構編 ISBN4-916208-61-7		本体2000円
ー近畿編ー		2001年10月
シンクタンクせとうち総合研究機構編 ISBN4-916208-46-3		本体2000円
ー中国・四国編ー		2002年12月
シンクタンクせとうち総合研究機構編 ISBN4-916208-65-X		本体2000円
ー九州・沖縄編ー		2002年11月
シンクタンクせとうち総合研究機構編 ISBN4-916208-62-5		本体2000円
ー全国の世界遺産登録運動の動きー		2003年1月
世界遺産総合研究所編 ISBN4-916208-69-2		本体2000円
ー口承・無形遺産編ー		2001年6月
シンクタンクせとうち総合研究機構編 ISBN4-916208-44-7		本体2000円
ー全国47都道府県の観光データ編ー		2003年4月
シンクタンクせとうち総合研究機構編 ISBN4-916208-74-9		本体2000円
ー全国47都道府県の誇れる景観編ー 2003年10月		新刊
シンクタンクせとうち総合研究機構編 ISBN4-916208-78-1 本体2000円		
ー全国47都道府県の概要編ー		近刊
シンクタンクせとうち総合研究機構編 ISBN4-916208-77-3 本体2000円		

環日本海エリア・ガイド
シンクタンクせとうち総合研究機構編　ISBN4-916208-31-5　本体2000円　2000年6月

西日本2府15県
環瀬戸内海エリア・データブック ★(社)日本図書館協会選定図書
シンクタンクせとうち総合研究機構編　ISBN4-9900145-7-X　本体1456円　1996年10月

誇れる郷土データ・ブック　ー1996〜97年版ー
シンクタンクせとうち総合研究機構編　ISBN4-9900145-6-1　本体1262円　1996年6月

日本ふるさと百科 ーデータで見るわたしたちの郷土ー
シンクタンクせとうち総合研究機構編　ISBN4-916208-11-0　本体1429円　1997年12月

地球と人類の21世紀に貢献する総合データバンク

シンクタンクせとうち総合研究機構

事務局　〒733ー0844　広島市西区井口台三丁目37番3ー1110号
書籍のご注文専用ファックス℡082ー278ー2701　電子メールsri@orange.ocn.ne.jp

※シリーズや年度版の定期予約は、当シンクタンク事務局迄お申し込み下さい。